TROISIÈME ÉDITION

L'ACCUSÉ

BAZAINE

PAR

ALBERT ALLENET

Rédacteur du *Peuple Souverain*

—

PRÉFACE DE CAMILLE PELLETAN

—

Prologue
Le Mexique — Metz — Épilogue

PARIS

LIBRAIRIE ANDRÉ SAGNIER

7, CARREFOUR DE L'ODÉON, 7

—

1873

Prix : 1 franc

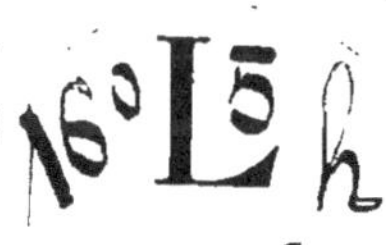

L'ACCUSÉ

BAZAINE

Le dessin qu'André Gill nous avait donné a été interdit
par la censure au moment du tirage.

L'ACCUSÉ

BAZAINE

PAR

ALBERT ALLENET

Rédacteur du *Peuple souverain*

—

PRÉFACE DE CAMILLE PELLETAN

—

Prologue
Le Mexique — Metz — Épilogue

PARIS

LIBRAIRIE ANDRÉ SAGNIER
7, CARREFOUR DE L'ODÉON, 7

—

1873

A la fin d'octobre 1870, il y avait à Metz un maréchal qui négociait, et un officier qui conspirait.

Le maréchal avait reçu le commandement de la plus belle armée de la France, — la seule qui eût échappé aux désastres du début de la guerre, — et il allait livrer cette armée à la Prusse. Les troupes levées à la hâte, organisées à la diable, qui sur la Loire défendaient le sol français, manquaient d'officiers ; et il allait condamner nos officiers à la captivité. Nos soldats, du côté d'Orléans, après un premier succès, s'apprêtaient à marcher au secours de Paris ; et il allait leur jeter sur les bras une armée allemande jusque-là immobilisée. — Alors, il avait tiré sa dernière cartouche, mangé son dernier morceau de pain, tenté son dernier effort ? — Non, il avait joué au billard, pendant que les troupes campaient dans la boue, furieuses d'être oisives. — Alors, au moins, avant de se rendre, il a noyé ses poudres, brisé ses armes, détruit ses drapeaux ? — Non, il a ordonné de tout conserver soigneusement, pour tout remettre en bon état entre les mains de l'ennemi.

Cela souleva, cela exaspéra : des complots s'ourdirent dans les troupes, pour éviter tant de honte. Il y eut des explosions de colère ; une entre autres, qui fit dire au général Changarnier, le conseil et le soutien de Bazaine : « Je n'aime pas les braillards. » Parmi les plus ardents, on remarquait un jeune officier rigide, sorti le premier d'une de nos écoles spéciales, et que semblait attendre un grand avenir. Tous les efforts échouèrent. Metz fut rendue.

Un an après, il y avait un homme condamné à mort. Pas le maréchal, l'officier.

Le délire du patriotisme l'avait jeté un instant dans la guerre civile. Il en était sorti. Il promettait un homme d'élite. Il était estimé de tous. Ses juges mêmes le pleuraient. Il n'y eut qu'un cri dans toute la France pour demander pitié pour lui. Sa vie était entre les mains d'un certain nombre de messieurs comme on en voit tous les jours dans les rues, — ni bons, ni mauvais, que je sache, — négociants ou propriétaires. Il montait à leurs oreilles un bruit de voix, venant de tous les points de l'horizon, qui disaient :

« Rappelez-vous Metz. Rappelez-vous l'heure où le maréchal Bazaine a froidement négocié la perte de la France, et où le capitaine Rossel s'est révolté, — impuissant, décidé, inflexible, — et mettez dans un plateau de la balance l'heure d'égarement, dans l'autre l'heure de patriotisme. »

Un jour, — un matin d'automne, — comme le maréchal dormait chez lui, à Paris ou à Bruxelles, dans un lit, tranquillement, — le corps de Rossel, troué de balles, s'affaissait à terre.

Depuis, il faut le reconnaître, on a arrêté le maréchal.

Maintenant, c'est à la justice de prononcer sur lui. — Est-ce à dire que l'opinion doive se taire ?

Voilà un accusé dans sa cellule : barres de fer à la fenêtre, verrous à la porte. — Derrière, le poste, des grilles, d'autres verrous, des serrures énormes ; autour, des sentinelles. — Cet homme, il est seul contre la prison, — seul devant la société qui le poursuit par l'organe du ministère public, — seul devant un juge, qui pèsera froidement le pour et le contre, et qui prononcera sur sa vie. — Alors, il se fait un silence et un respect, — non pour l'homme, mais pour la situation. Dire un mot qui puisse faire pencher la balance... jamais! Mais c'est un assassin, un voleur? — Qu'importe? — Il y a des gens à qui est confiée l'auguste et redoutable mission de le convaincre ou de le juger. Ne couvrons pas la sentence du tribunal par les huées de la foule.

Mais quelqu'illusion qu'on se fasse, on ne peut pas croire que telle soit la situation du maréchal Bazaine. Tout s'adoucit autour de lui. La prison a attendu un an et demi pour le prendre ; elle tourne en villégiature. Les gardiens ont été sous ses ordres. Son procès tantôt reparaît, tantôt disparaît. Il a des juges militaires intègres, loyaux, j'en suis sûr ; mais on sent peser sur eux on ne sait quelle pression.

C'est pour cela qu'il a fallu que la presse instruisît le procès ; il le faut encore.

C'est par la force de l'opinion que Bazaine a été traduit devant un conseil de guerre : c'est par l'intervention de l'opinion que l'affaire ne pourra pas être étouffée. Il ne faut pas que l'opinion cesse d'intervenir, par la presse, par le livre. Pour faire condamner Bazaine? Non, pour le faire juger... pour le faire juger sans obscurité, sans faiblesse, sans faux-fuyants.

D'autant plus que ce procès appartient tout entier

à l'histoire. Les pièces, ce sont les pièces de nos désastres, l'affaire du Mexique, l'affaire de Metz. La France a le droit, le devoir de les connaître, de les chercher, de les fouiller. Nous nous rappelons le temps, voisin de nous, hélas ! où des hommes, qui avaient participé à l'insurrection de 1871, étaient sur les bancs de la justice. Le cœur se soulève de dégoût, quand on pense qu'il y avait des journaux pour éditer sur ces accusés des anecdotes intimes et apocryphes, inventées par quelque reporter à court de copie, — pour ameuter les esprits contre des prisonniers qui ne pouvaient pas répondre. Le maréchal Bazaine peut être tranquille. Les républicains ne feront pas contre lui, ce que les feuilles de l'ordre ont fait contre les membres de la Commune. Ils ouvrent l'histoire, — l'histoire authentique, écrite par des témoins dignes de foi, — l'histoire qui nous appartient, puisqu'elle est celle de nos malheurs et de nos ruines ; et ils disent : Voyez !... Voilà les pièces du procès : Faites-le.

Procès grave ; derrière le maréchal Bazaine, seul inculpé, j'en vois d'autres : non pas l'armée... comme l'a dit à une tribune française, pour la honte de la France, un monarchiste qui a lancé là à nos troupes la plus incurable, la plus mons-

trueuse des insultes... non pas même les généraux, dont beaucoup ont montré un courage et un
dévouement sans égal, et quelques-uns de véri-
tables qualités militaires... mais une certaine race
de chefs impériaux, au verbe haut, à l'ignorance
arrogante, aux rancunes et aux ambitions sans
scrupules, habitués à mener rudement les pékins,
et à n'avoir à craindre ni contrôle, ni justice.

Les pages qui suivent sont l'histoire du pire
d'entre eux.

Camille PELLETAN.

PROLOGUE

I

Dans le courant du mois de juin 1871, X..., un de nos amis, se rendant à Vianden, près de Victor Hugo, alors chassé de Belgique à coups de pierre, vit ceci :

Le train de voyageurs était arrêté depuis quelques instants à une petite station de l'extrême frontière française ; de forts gaillards barbus et décorés, sentant la rue de Jérusalem d'une lieue, visitaient les passeports, et inspectaient les physionomies ; les douaniers ouvraient les malles, fourraient la main dans les sacs de nuit...... Subitement, un coup de sifflet retentit ; il se fit dans la gare un grand tumulte de gens qui se pressaient aux portes, comme pour assister à un spectacle curieux. X..., qui fumait tranquillement un cigare, attendant l'heure de partir, demanda à un employé ce que signifiait ce tapage, et si quelque grand personnage allait passer par là : « Ce sont des soldats français qui reviennent d'Allemagne, » dit l'employé. Au même instant, le train entrait en gare ; les portes furent enfoncées, on traversa la voie, tout le monde se précipita.

Ce train était composé d'une soixantaine de wagons à bestiaux, sur la plupart desquels on avait écrit, avec de la craie, en très-grandes lettres : « Vive la France ! A bas Bazaine ! »

Les malheureux prisonniers, après un voyage de six jours dans ces abominables fourgons, entassés, empilés comme des harengs dans une barrique, maigres, exténués, sales, déguenillés, hideux, étaient si heureux de revoir la France, de sentir sous leurs pieds le sol sacré pour lequel ils avaient versé leur sang, qu'ils oublièrent fatigues, privations, habits en lambeaux, estomac vide, nuits sans sommeil, et se mirent à danser comme des fous. Ils se trémoussaient comme de beaux diables, riant, pleurant, distribuant des poignées de main, embrassant un peu partout, au hasard, — surtout les femmes, — et ils criaient à tue-tête, en jetant leurs képis en l'air : « Vive la France ! A bas Bazaine ! »

C'était précisément là ce qui était écrit sur les wagons ; X... le remarqua, et il songea.

II

Ainsi, ces hommes revenaient du fond de l'Allemagne ; pendant de longs mois, mal nourris, mal vêtus, loin de la patrie qu'on égorgeait, — suprême douleur, — sans qu'ils fussent là pour la défendre, et recevant chaque matin, de la main des Prussiens, — insulte suprême, — le *Drapeau* de M. Cassagnac, ils avaient attendu l'heure de la délivrance, et, quand cette heure était enfin venue, le premier cri qui s'échappait de leur poitrine, c'était : « A bas Bazaine ! »

Toutes leurs souffrances, toutes leurs colères, toutes leurs vengeances, ils traduisaient tout par ces mots : « A bas Bazaine ! » Ils écrivaient cela sur les wagons, ils le disaient, ils le criaient, et il leur semblait qu'ils fussent soulagés ; il leur semblait que tout fût oublié, quand ils avaient ainsi, en même temps que leur inaltérable amour pour la France, proclamé leur mépris pour l'homme qui avait livré cette France, qui l'avait vendue, et qui, recommençant la lugubre comédie du Mexique, avait une fois encore sacrifié l'honneur à la plus exécrable ambition.

Ce que ces soldats, ce que ces martyrs du devoir, victimes d'un lâche capitulard, ont crié à pleins poumons en revoyant la France, la France le disai depuis la reddition de Metz ; elle le disait depuis ce jour à jamais néfaste où, après deux mois de la plus incroyable inactivité, le commandant de la première citadelle de la Patrie livra aux Prussiens 125,000 hommes valides, avec armes, bagages, drapeaux, etc. —Oui, la France le disait, parce qu'elle connaissait M. Bazaine, parce qu'elle savait que l'homme du Mexique restait fidèle à son rôle, en entretenant des intelligences avec un Bonaparte échoué dans la honte, et en offrant cyniquement au prince Frédéric-Charles une armée de Français pour en faire une armée de prétoriens, sauveurs de l'ordre, restaurateurs de la dynastie impériale, et peut-être fondateurs de la dynastie Bazaine.

La France savait cela ; ce que ces soldats ont crié, c'était aussi, c'est toujours le cri de la France.

III

Un an après que la conscience publique, par la voix de ces prisonniers, a craché ainsi son indignation et son mépris à la face de M. Bazaine, le gouvernement de la République française se décide enfin à demander compte à M. Bazaine de ses faits et gestes pendant la campagne du Rhin et le siége de Metz. M. Bazaine va comparaître devant un conseil de guerre, M. Bazaine est sous les verrous.

Dans l'avenue de Picardie, à Versailles, il y a une exquise petite maison blanche avec des volets verts. Un jour, les tapissiers, décorateurs, peintres, etc., sont venus, et se sont mis à l'œuvre ; ils ont fait de ce logis un délicieux cottage, moelleux, frais, discret, où il semble que se cache, derrière la transparence adorable des mousselines, quelque déesse d'opéra, protégée par un Nucingen ventru ; boudoir, fumoir, salle de billard, bibliothèque, rien n'y manque ; au bas du perron, un jardin coquet et parfumé, gazons, berceaux, allées sablées, jets d'eau, — un paradis !

Un factionnaire se promène à la porte, une garde d'honneur veille. C'est là que M. Bazaine attend l'heure de la justice, tandis que Rossel, avec dix balles dans le ventre, pourrit au fond de quelque cimetière inconnu, et que des milliers d'hommes, revenant des pontons après une année d'absence, trouvent le foyer désert, la femme morte de misère, les enfants morts de faim !

Mais M. le maréchal Bazaine aurait tort de s'imaginer qu'il n'y a pas pour lui d'autre cachot que le chalet de Versailles; en attendant le jugement qui va inscrire son nom dans le Panthéon des traîtres entre Pichegru et Dumouriez, M. Bazaine n'est pas seulement prisonnier de M. Thiers, il est prisonnier de la honte, la honte le tient ! On n'échappe pas à cette main-là quand elle vous a saisi au collet ; en compagnie de tous les infâmes de tous les siècles, de Sinon, de Judas, de Leclerc, de Deutz et des autres, le vendeur de Metz traîne le boulet de son crime, galérien à perpétuité dans le bagne du mépris.

Et nous, tandis que ce maréchal de France se promène paisiblement, le cigare aux lèvres, sous les massifs pleins de chansons d'oiseaux ; tandis que l'officier chargé de l'instruction poursuit son interrogatoire ; tandis que la conscience humaine, indignée, le regarde en face, et que les yeux des morts de Borny, de Gravelotte et de tous les patriotes assassinés dans les champs du Mexique sont fixés sur lui du fond de l'ombre, nous, il nous plaît de fouiller la vie de cet homme, d'exhumer son passé, et de montrer, dans la hideuse nudité de son ambition et de ses trahisons, l'homme du Mexique, l'homme de Metz, que l'histoire clouera au pilori, à côté de son digne maître, l'homme de Sedan.

LE MEXIQUE

I

La grande pensée du règne.

Au milieu des rêves grotesques ou terribles éclos
dans sa cervelle nuageuse, l'homme qui fut Napoléon III, et qui n'a pas cessé d'être un misérable,
conçut un jour un plan fantastique. L'ancien cons-
table, l'ancien cokney d'Eglington et d'Epsom, qui,
grâce au viol de la loi et à l'assassinat des représentants du peuple, s'était faufilé parmi les rois, jaloux
de mériter les sourires de ses collègues, résolut de
continuer à l'extérieur ses petites expéditions du
boulevard Montmartre, et d'effacer, s'il le pouvait,
de la carte du monde, ce nom maudit de République, qui depuis l'égorgement de Décembre, le
poursuivait sans relâche, spectre inexorable.

Entre deux cigarettes, l'expédition du Mexique,
la longue occupation française, l'installation de
Maximilien Ier, la fondation d'une dynastie nouvelle
sur les restes fumants des villes incendiées et les

cadavres des patriotes, tout cela fut entrevu, conçu, arrêté dans la pensée de ce « *somnambule obscur* ».

Considérée attentivement, cette tragique aventure terminée un beau matin, au lever du soleil, à l'heure où les alouettes chantent dans le ciel, par un feu de peloton sur trois poitrines humaines, cette aventure, dont la responsabilité lourde incombe à Napoléon III, n'est pas autre chose que ceci : ridicule tentative d'un fou pour supprimer la République du continent américain, et la remplacer par un immense empire, donné au premier aventurier perdu de dettes, qui éprouverait le besoin de conjurer l'hypothèque, sous la tutelle des Bonaparte. — Voilà tout; ce n'est que cela.

On commençait par le Mexique; en cas de succès, on profitait de la guerre de la sécession et des embarras des États-Unis, pour régénérer la barbarie anglo-saxonne et yankee, en lui infusant dans les veines le sang pur de la civilisation latine; c'était, comme on voit, la France impériale allant faire au dehors des révolutions de 89 à rebours.

Voilà ce que le génie de Napoléon III avait découvert; voilà la plus grande pensée du règne; ce qui donne une étrange opinion des autres, n'est-ce pas?

Grâce au caprice de ce Bonaparte, que son crime avait élevé au premier rang, et fait le maître de nos destinées, de vaillantes légions de patriotes mexicains succombèrent, se battant pour la liberté et la constitution; grâce à lui, Maximilien fut fusillé; grâce à lui, et aux bavardages mensongers de son ministre d'État, Rouher, des milliers de familles françaises perdirent en un instant leurs économies,

et se virent ruinées, pour avoir ajouté foi aux promesses de cette bande d'aventuriers, que le coup
d'État avait vomis sur nous.

Un homme partage avec M. Rouher la honte
d'avoir été l'exécuteur des abominables machina-
tions de Bonaparte, d'avoir organisé dans un pays
dont le seul crime était de défendre son indépendance, le plus odieux système de terreur qui fut
jamais, d'avoir enfin, au dernier moment, quand
tout était perdu, lâchement trahi le pauvre diable
dont l'agonie durait depuis trois ans, et offert au
général Porfirio Diaz de lui livrer cet empereur
éphémère, triste fantoche qui s'évanouissait dès
qu'il n'était plus soutenu par les baïonnettes étrangères. — L'homme qui a accepté ce rôle indigne,
qui a fait ridicule et maudit le nom de la France,
cet homme, c'est M. Bazaine.

Le Mexique le crée maréchal, nous verrons qu'il
espérait mieux de la reddition de Metz, et que
cette trahison longuement méditée, et préparée avec
tant de soin, devait lui rapporter plus encore ; l'incroyable mémoire adressé au prince Frédéric-
Charles, nous montrera M. Bazaine rêvant d'être le
digne émule de son ancien maître ; ce ne sont plus
des grades qu'il lui faut, c'est le pouvoir suprême ;
il veut être un peu *Sauveur* à son tour. — Bonaparte au moins a *sauvé* sans le secours de l'étranger.... Mais une infamie de plus ou de moins,
qu'importe à M. Bazaine, pourvu qu'il réussisse dans
la poursuite de ses folles ambitions ?

II

Mots d'histoire.

Quelques mots d'histoire rétrospective ne seront pas inutiles au lecteur pour y voir clair dans ce drame sombre joué à deux mille lieues de chez nous, et où la France est jusqu'ici restée si ignorante de l'infâme rôle qu'on lui a fait jouer.

C'est en 1810 que les patriotes mexicains proclamèrent l'indépendance de leur patrie, et l'arrachèrent au joug humiliant de l'Espagne, sous la conduite du fameux Hidalgo.

En 1857, le président de la République Mexicaine était M. Comonfort, connu pour avoir coopéré en 1855 à l'expulsion du dictateur général Santa-Anna, dernier représentant du principe odieux des pronunciamentos. M. Comonfort fut nommé président le 1ᵉʳ décembre.

Mais cette nomination ne faisait pas le compte du clergé.

Le clergé avait fait son entrée au Mexique à côté de Fernand Cortez, un pistolet d'une main, un crucifix de l'autre, assassinant tous les indigènes qu refusaient de croire à la Sainte-Trinité, ou au mystère de l'Eucharistie. Depuis lors, régnant en maître, possédant à lui seul un tiers de la fortune mobilière et immobilière de la République, dirigeant les consciences par la crainte de l'enfer, les volontés par l'appât du gain, il n'avait cessé, naturellement, de s'opposer à toutes les tentatives des gouvernements, pour introduire dans le pays les institutions modernes, fondées sur la justice et le droit.

En 1856, Juarez, alors ministre de la justice, avait donné à son pays deux lois libérales, dont l'une mettait dans la circulation les biens de main-morte, et l'autre, supprimant toutes les juridictions particulières, soumettait au droit commun le clergé et l'armée.

Ces deux lois, comme on pense, étaient loin de plaire au clergé, qui, d'accord avec quelques condottieri, soldats d'aventures aux épaulettes gagnées dans les tripots, décida l'honnête, mais faible président Comonfort, à violer la constitution à laquelle il venait de prêter serment.

Le 17 décembre 1857 eut lieu le coup d'État désiré par le clergé, et commencèrent les tristes luttes intestines qui devaient aboutir à l'intervention.

Mais la trahison de M. Comonfort ne changeait rien à la situation du pouvoir. Un article de la Constitution de 1857 prévoyant le coup d'État, ordonnait de mettre le coupable en jugement, et ses fonctions devaient être remplies par le président de la Cour de justice.

M. Juarez, un instant arrêté, puis relâché, s'occupa activement d'organiser la résistance, et il y eut alors deux gouvernements au Mexique, l'un réactionnaire et l'autre libéral.

III

La coalition.

Tandis que le traître Miramon, après avoir escamoté le pouvoir au traître Zuloaga, trouvait la mort à la bataille de Calpulalpam, au mois de décembre 1860, que tous les fonctionnaires du gouvernement réactionnaire prenaient la fuite, et que Juarez, ayant successivement habité Guamajuato, Guadalajara, Vera-Cruz, rentrait enfin à Mexico, l'empereur Napoléon III nourrissait une haine sourde contre ce pays étrange où le droit venait de vaincre le coup d'État. Ce Juarez, dont l'exemple de fidélité à la Constitution républicaine pouvait être contagieux, tracassait particulièrement le César de contrebande ; il est certain que l'idée de l'intervention au Mexique a été conçue par Bonaparte, et qu'elle date précisément de l'heure où le parti républicain, dans la personne du président, triompha des violateurs de la loi.

Le 31 octobre 1861, la France, l'Angleterre et l'Espagne signèrent donc à Londres une convention, dont le but avoué était de protéger les intérêts outragés des nationaux de ces trois puissances, et d'exiger le remboursement de dettes considérables (elles s'élevaient au chiffre de 400,000,000 fr.), contractées depuis longtemps par le Mexique, mais qui, en réalité, ne devait avoir, dans l'esprit des signataires, qu'un résultat : renversement de la République mexicaine, établissement de la Monarchie en faveur de l'archiduc Maximilien d'Autriche, ou d'un prince quelconque en disponibilité. — C'est ce que reconnut publiquement le ministre anglais John Russell, et ce qui, du reste, ne tarda pas à devenir évident pour tous.

A peine la convention de Londres était-elle signée, que la flotte espagnole partit de la Havane, arriva dans les eaux du Mexique, et s'empara de Vera-Cruz.

Les hostilités étaient commencées par l'Espagne ; l'expédition combinée de France et d'Angleterre arriva devant Vera-Cruz dans les premiers jours de janvier 1862. Le général Prim, qui s'essayait à asservir les autres pays, en attendant qu'il asservît le sien, et qui, du reste, a payé sa dette, Prim adressa alors à la population mexicaine un manifeste pompeux, comparable en tous points au manifeste du duc de Brunswick, général de la contre-révolution en 1792. Il y faisait appel aux *hommes d'ordre*, — c'est-à-dire *aux traîtres*, — pour combattre les *factieux*, c'est-à-dire les *patriotes*, — et rétablir le *calme*, — c'est-à-dire la *monarchie*; — c'était le langage des alliés venant remettre Louis XVI sur le trône, d'où la révolution l'avait chassé.

Cependant les préliminaires de la Soledad, conclus entre Juarez et les représentants des puissances étrangères, firent croire que tout allait s'arranger ; mais l'arrivée du traître Almonte, se vantant de la protection impériale, et parlant de se mettre à la place de Juarez, rompit la bonne entente qui régnait entre les commissaires des trois nations.

A la conférence d'Orizaba, la rupture fut éclatante ; les agents de Bonaparte ne déguisant plus leur intention de renverser le gouvernement légal du Mexique, sous prétexte de réclamer le payement de dettes contractées, les commissaires anglais et espagnols déclarèrent qu'il ne leur restait plus qu'à se retirer avec leurs troupes; ce qu'ils firent.

Pendant que M. Billault déshonorait la tribune française avec cette éloquence fantaisiste qui devait faire un peu plus tard de M. Rouher l'*ange* du mensonge, et n'avait pas de peine à justifier aux yeux d'un Corps législatif avachi, les caprices de son maître, notre armée, sous la conduite du général de Lorencez, s'emparaît d'Orizaba, y faisait en faveur d'Almonte un ridicule pronunciamento signé par 90 habitants sur 30,000, et marchait sur Puebla, où elle était repoussée par le général juariste Zaragosa.

IV

La France seule.

Un échec! La politique bonapartiste avorterait! On sacrifiera un million d'hommes! On videra les caves de la Banque, s'il le faut, mais on sera vainqueur !

Le général Forey, un des égorgeurs de Décembre, celui dont le poëte a dit :

Forey, dont à Bondy l'on a changé le nom,

vint immédiatement remplacer M. Lorencez, et, à partir de ce moment, l'intervention française débarrassée de l'Angleterre et de l'Espagne, qui avaient prudemment retiré leur épingle du jeu, demeura seule en scène, et prit toutes les allures d'un gouvernement souverain établi au Mexique.

Après un siége de 56 jours, le 17 mai 1863, Puebla se rendit, toutes les armes qui avaient servi à la défense ayant été brisées, et les canons encloués.

A ce moment, Juarez quitta Mexico avec le gouvernement ; le 4 juin, cette ville fut occupée par nos troupes.

Alors le masque fut complétement jeté, et, pour la première fois, on parla ouvertement d'un nouvel empire qu'on voulait constituer sur les ruines de l'indépendance mexicaine.

Une manière d'assemblée constituante se réunit, composée des officiers supérieurs français, — ici apparaît pour la première fois M. Bazaine, — des hauts membres du clergé, naturellement amis de la servitude, et de tous les traîtres qui vendaient leur pays pour le gruger plus à l'aise ; cette assemblée grotesque décréta solennellement une monarchie plus grotesque encore.

L'article IV du décret disait : *Dans le cas où Maximilien refuserait le trône qui lui est offert, la nation mexicaine s'en remet à la bienveillance de l'empereur Napoléon III, pour désigner un autre prince catholique à qui la couronne sera offerte.*

C'est donc toujours l'esprit ténébreux de Bonaparte qu'il faudra chercher dans cette infâme et tragique aventure, c'est le brigand de Décembre qui ourdit le complot. M. Bazaine, qui va bientôt entrer en scène au moment décisif, est chargé de l'exécution, et prélude ainsi dignement à ses hauts faits de Metz.

Une députation alla trouver le prince Maximilien, dont le château de Miramar, criblé d'hypothèques, était sur le point d'être saisi par les créanciers, et ce monarque flibustier, pour éviter les recors, signa la convention, dite de Miramar, qui lui valut immédiatement une douzaine de millions, et une place dans l'almanach de Gotha.

La comédie était jouée, le drame allait commencer.

V

Instruments de règne.

Au moment où l'archiduc Maximilien s'embarqua dans cette triste galère impériale, qui devait si vite faire naufrage, il avait à son service l'armée française forte de 35,000 hommes, — 35,000 enfants de la France, que nous payions de notre argent, pour aller fonder des monarchies au Mexique! — et les contingents belges et autrichiens, en tout 43,000 hommes. C'était tout justement le chiffre de l'armée libérale répandue sur tous les points du territoire, sans compter, il est vrai, les guérillas qui pullulaient.

Le nouveau souverain n'avait pas deux partis à prendre; il lui fallait commencer immédiatement la lutte, lutte sans pitié ni merci; écraser ses ennemis, ou être écrasé par eux, telle était la situation pour Maximilien; il le savait; il engagea néanmoins la partie, où il devait être, et où il fut écrasé.

Qui s'attaque à la liberté d'un peuple, joue un eu terrible. Ce n'est pas impunément qu'on supprime les constitutions et qu'on les remplace par le bon plaisir royal ; d'ailleurs, Maximilien jeté dans la tombe où les Européens avaient jeté Montezuma, Guatimozin et tant d'autres, — Juarez, fils de vingt générations d'Aztèques, tuant Maximilien d'Autriche, descendant de Charles-Quint, premier conquérant du Mexique, l'histoire a de ces justices fatales.

L'homme qui devait inspirer à Maximilien ses plus funestes mesures, le mauvais génie de ce pauvre monarque sans cervelle, pour mieux dire, son directeur et son maître absolu, le général Bazaine, sortit alors de l'ombre où il était resté jusquelà, et se mit à organiser cette guerre d'extermination furieuse, cette épouvantable terreur qui l'eût sans doute conduit lui-même au plateau de Queretaro, à côté de sa victime, s'il ne se fût prudemment esquivé.

M. Bazaine ayant donc, au mois d'octobre 1863, remplacé M. Forey dans le commandement supérieur, commença par mettre un peu d'ordre dans le pays, et par donner aux diverses villes des administrateurs à sa façon ; il fit appeler à la préfecture de Mexico la plupart des citoyens qui avaient occupé des emplois publics sous le gouvernement de Juarez, et leur fit signer, de gré ou de force, un acte où ils déclaraient n'être pas hostiles au nouveau gouvernement.

Cette façon de manipuler le suffrage universel était assez bizarre ; aussi la plupart des honorables citoyens ainsi violentés, faisaient-ils suivre leurs signatures d'observations dans le genre de celle-ci :

*Nous signons pour n'être ni arrêtés ni trans-
portés.*

Voilà les moyens dont M. Bazaine se servait
pour recruter des adhésions au nouvel empire. Nous
verrons que, quand ces moyens lui paraîtront in-
suffisants, il ne reculera pas devant les exécutions,
disons : les assassinats, l'incendie des villes, etc. ; il
osera rédiger la fameuse circulaire du 11 octobre,
véritable œuvre de bête féroce, où il déclare « *qu'aucun échange de prisonniers ne se fera à l'avenir, et
que les* BANDITS *pris les armes à la main seront immédiatement mis à mort* ». — Les BANDITS, ce sont les
braves gens qui essayent de repousser la plus odieuse
des invasions, et qui donnent généreusement leur
sang, pour sauver l'indépendance de leur pays.

C'est en vertu du même raisonnement que, dans
la guerre dernière, où l'illustre maréchal devait
encore augmenter sa renommée, les Prussiens faisaient griller vifs nos francs-tireurs ; et encore, les
francs-tireurs ne formaient-ils pas un corps régulier, tandis que la circulaire sauvage de M. Bazaine s'appliquait indistinctement à tous les Mexicains se battant pour leur constitution.

Dans le même genre de propagande fantaisiste,
le fameux (*famosus*) colonel Dupin, chef de la
contre-guérilla, et sous lequel a servi M. de Kératry,
enjoignait par un décret, — et sur l'ordre de M. Bazaine, évidemment, — à tous les habitants de l'État
de Tamaulipas âgés de dix-huit ans, de se présenter
devant les autorités, pour y recevoir un passe-port
mentionnant leur adhésion à l'empire.

Le décret ajoutait : « *Tout individu de l'État de
Tamaulipas qui, sous quelque prétexte que ce soit,*

*prendra les armes sans l'autorisation du général en
chef, ou du gouverneur de l'État, sera considéré
comme bandit et fusillé sur-le-champ.* »

. De son côté, M. le général Castagny, chargé par
le maréchal, véritable empereur de fait, — qu'on ne
l'oublie pas, — d'organiser les autorités civiles, admi-
nistratives et judiciaires, atteignait dans le bouffon
des hauteurs inconnues jusque-là.

Après avoir nommé les différents citoyens
qu'il élevait à la dignité de préfet, procureur,
juge, etc., cet administrateur bienveillant, qui bon
gré mal gré comblait les gens d'honneurs, avait rédigé un certain petit article 2 ainsi conçu :

« *Toute personne, désignée dans l'article précédent, qui se refuserait à remplir l'emploi qui lui
a été confié, sera immédiatement punie de six mois
de prison, conformément à la loi.* »

Il faut avouer que si les Mexicains n'étaient pas
contents, ils étaient difficiles ; on se donnait assez
de mal pour leur bonheur.

VI

Contre-guérilla.

La contre-guérilla, espèce de garde prétorienne
du nouvel empire, chargée d'exécuter les hautes pensées de M. le régent Bazaine, contribua aussi très-
puissamment à façonner au servage les patriotes
rebelles, et à faire entrer à coups de revolver dans
leurs dures cervelles, le respect et l'amour de la dynastie autrichienne.

Cette contre-guérilla, avec son chef déjà nommé, Charles Dupin, sorte de sauvage altéré de sang, attire particulièrement les regards au milieu de cette farce cocasse et lugubre, qui s'appelle l'empire mexicain, et elle gardera dans l'histoire un renom tout spécial d'atroce barbarie.

Cette horde cosmopolite, déguenillée, multicolore, hurlante et féroce, sans discipline et sans loi, n'ayant qu'une mission : tuer, faire la chasse à l'homme, inspire à M. de Kératry, qui avait alors le douteux honneur d'en faire partie, la pittoresque description suivante :

« Dans cette guérilla, toutes les nations du monde semblaient s'être donné rendez-vous. Français, Espagnols, Mexicains, Américains du nord et du sud, Anglais, Piémontais, Napolitains, Hollandais et Suisses se coudoyaient. Presque tous ces hommes avaient quitté leur patrie pour courir après une fortune toujours fugitive. On y trouvait le matelot désillusionné de la mer, le négrier de la Havane ruiné par le typhus destructeur de sa cargaison, l'écumeur de mer, ancien compagnon du flibustier Walker, le chercheur d'or échappé d'Hermosilla aux balles qui avaient frappé Raousset Boulbon, le chasseur des bisons venu des grands lacs, le manufacturier de la Louisiane ruiné par les Yankees. Cette bande d'aventuriers ignorait la discipline. Officiers et soldats se grisaient sous la même tente ; les coups de revolver sonnaient souvent le réveil. Quant au costume, si cette troupe eût défilé, clairons en tête, sur les boulevards de Paris, on eût cru assister au passage d'une ancienne bande de truands exhumés du fond de la Cité. »

Comme on le voit, le portrait n'est pas flatté;
est vrai. Cette bande avinée, sortie de la cour des
Miracles, avait pleins pouvoirs pour fusiller, pendre,
incendier tout ce qui cherchait à défendre l'indépendance nationale, si bien que le maréchal Bazaine a
fait traiter les Mexicains soulevés contre l'envahis-
seur, absolument comme les Prussiens, en Alsace et
en Lorraine, ont traité les paysans qui s'armaient
de fourches et de fusils pour protéger leur chau-
mière à l'approche des uhlans; et à moins d'avoir
deux poids et deux mesures, l'organisateur de la
terreur mexicaine, avec lui M. de Kératry et tous
ceux qui ont collaboré à cette œuvre inique, ne sauraient désapprouver la conduite de nos cruels ennemis durant la guerre dernière.

On pense bien que la contre-guérilla, ainsi organi-
sée, exécutait à merveille la mission pacificatrice dont
elle avait été investie; aujourd'hui, on brûle les vil-
lages, on fusille un à un et de demi-heure en
demi-heure les notables d'une ville, jusqu'à ce que
la rançon exigée soit payée; — demain, on fouette
des femmes, comme l'exécrable Haynau en Hon-
grie; on accroche aux réverbères des places publiques
des chapelets de pendus grimaçants, qui ont commis le seul crime d'être pris les armes à la main,
pour la cause de la liberté, et *dont les cadavres se
balancent aux bras des lanternes sous le souffle de
la brise de la mer.*

C'est la prose de M. de Kératry que nous citons
textuellement; cet historien poétique et sentimental,
depuis préfet à poigne, ne paraît même pas se douter, au milieu de toutes ces horreurs, qu'il raconte
de monstrueuses infamies.

Des misérables qui défendent leur pays, qui s'insurgent contre la plus inqualifiable des agressions, et qui réclament le droit de vivre en paix sans que MM. Bonaparte et Bazaine se mêlent de leurs affaires ! allons donc !... tue, égorge, assomme !

VII

Police secrète.

Pendant qu'on travaillait si bien, ou plutôt si mal pour lui, le pauvre Maximilien, surveillé de près par son tuteur Bazaine, avait de jour en jour la preuve plus évidente de sa nullité ; l'autorité française était absolument maîtresse, le commandant en chef remplissait vraiment les fonctions d'empereur, il ne lui en manquait que le titre, et il le fit bien voir au triste sire dont les décisions étaient impitoyablement biffées d'un trait de plume, quand elles déplaisaient à ceux qui tenaient le sabre.

L'année 1864 toucha à sa fin au milieu des embarras sans cesse grandissant de tous côtés : démêlés avec le Saint-Siége, qui ne voulait accorder le fameux nonce tant demandé, que sur la promesse que Maximilien rapporterait les lois dites de réforme, rétablirait les ordres religieux, restituerait les biens de l'Église, reconnaîtrait au clergé le droit de posséder et d'administrer, supprimerait la liberté des cultes, etc.; — organisation et exploitation de la presse à l'intérieur et à l'étranger sur le modèle fourni par le digne protecteur, Napoléon III, — organisation d'une police secrète, etc.

En matière de mouchards,—puisqu'il faut toujours que notre pauvre pays se trouve mêlé à tous ces tripotages malpropres, — l'empereur du Mexique ne crut pouvoir mieux faire que de s'adresser à son confrère de France, qui, ayant été lui-même du métier dans les temps mauvais , avait depuis élevé la police à la hauteur d'une institution d'État. — On allait chercher dans les bas-fonds où régnait M. Piétri, ce qu'il y avait de plus fangeux, de plus expert dans l'art de prendre bourgeoisement un bock en ne perdant pas un mot des conversations d'alentour, de plus habile à étaler à sa boutonnière des brochettes de décorations, et à dénoncer ceux à qui on vient de serrer la main ; on réunit une jolie petite collection de ces êtres-là, Corses pour la plupart, — naturellement, — et on les expédia, — port non payé, — à S. M. l'empereur du Mexique, sous la conduite d'un certain Galloni d'Istria, qui était le directeur de la bande, chef de la police secrète, et qui s'en allait jouer les Piétri à l'étranger.

Mais bientôt le sieur Galloni d'Istria, dont les mœurs étaient d'une légèreté toute bonapartiste et qui, d'ailleurs, avait été pris en flagrant délit de vol, se vit obligé de faire ses malles et de revenir à la hâte en Europe, où d'ailleurs il fut bientôt suivi par le reste de sa brigade.

Malgré la protection des baïonnettes françaises, les casse-têtes n'avaient pas eu au Mexique le même succès que chez nous.

VIII

Il faut se hâter.

Nous ne faisons pas ici l'histoire de l'empire mexicain, et nous avons seulement pour but de relater les atrocités commises par M. Bazaine, et la part de responsabilité qui lui revient dans la catastrophe finale ; — aussi, après avoir constaté la sanglante dictature exercée par le général Castagny à Mazatlan dans les premiers jours de 1865, l'établissement des cours martiales qui condamnaient à mort —sans appel — toute personne prise les armes à la main, l'incendie de Concordia tout entière, ville de 4,000 âmes que le nouvel Attila punissait ainsi de son excès de patriotisme, après ces quelques menus détails, nous passerons immédiatement au fameux décret du 3 octobre.

Durant les huit ou neuf mois de l'année 1865, la terreur a beau continuer, les Mexicains ne se lassent pas ; la vue de leurs frères qu'on assassine ne fait qu'enflammer leur courage ; ils sont décidés à mourir jusqu'au dernier, et à purger le sol de leur patrie de la hideuse invasion qui le souille.

Dans plusieurs rencontres, les Français sont battus ; les troupes libérales gagnent du terrain ; l'horizon devient noir ; Napoléon III a écrit, à la date du 1ᵉʳ mai, à son fidèle Bazaine une lettre, copiée et paraphée plus tard par l'impératrice Charlotte,—ce qui prouve l'effet produit par cette missive foudroyante,

— et où l'homme de Décembre déclare que les *choses lui semblent plus sombres;* des placards séditieux sont affichés nuitamment sur les murs mêmes du palais : il y est dit qu'il faut en finir avec *cet imbécile de Maximilien.* Et encore : *meure la France! honte à cette poupée qui a nom Napoléon III ;* on y flétrit *la politique que tient Bazaine,* etc., etc.

Le moment d'agir est donc venu ; il faut frapper un grand coup, pas de faiblesse; tout ce qu'on a fait jusqu'ici, enfantillage, terreur pour rire ; l'humanité, mot creux, sottise ! L'heure a sonné de gouverner sérieusement.

X

La tête responsable. — Le bras irresponsable.

Le décret du 3 octobre, qui restera dans les temps modernes comme le chef-d'œuvre de la férocité sauvage, est-il l'œuvre de Maximilien ou faut-il l'attribuer au maréchal Bazaine ? La lutte a été vive sur ce point ; les panégyristes du maréchal n'ont pas craint de charger le pauvre empereur; — d'un autre côté, les avocats de l'accusé de Quérétaro, au moment où ils essayaient d'arracher la tête de leur client à la juste colère des Mexicains, ont rejeté sur M. Bazaine la responsabilité tout entière de cet abominable décret qui transformait la guerre en un assassinat permanent.

Certes, la question est grave; quant nous, après

avoir examiné le débat avec la plus sévère impartialité, nous devons déclarer que, en notre âme et conscience, si M. Bazaine n'a pas rédigé le décret de sa main, il en est *l'auteur moral*; c'est lui, lui seul qui l'a conseillé, inspiré, dicté peut-être ; c'est lui qui a donné au faible cerveau de l'empereur ce vertige de sang qui l'a aveuglé.

Et ce n'est pas sans motif que nous formulons contre le commandant en chef des troupes françaises une si terrible accusation.

Le 17 juillet 1864, la municipalité de Véra-Cruz adressa à l'empereur le télégramme suivant :

« Sire,

« La Cour martiale de cette ville a condamné à la peine de mort les nommés Félisse et Encarnacion Santiago, Santos Gonzalez et Ciriaco Tapia. Comme le délit pour lequel ils ont été jugés est *purement politique*, le conseil municipal de cette capitale, au nom du peuple qu'il représente, supplie avec instance V. M. de daigner, si toutefois elle le juge convenable, commuer la peine prononcée contre les Mexicains susnommés, dont l'exécution a été suspendue jusqu'à ce que V. M. ait daigné faire connaître sa décision souveraine.

« Les membres du conseil municipal de Véra-Cruz, qui connaissent les sentiments humanitaires de V. M., espèrent obtenir cette grâce et se disent
« de Votre Majesté, etc. »

L'empereur ordonne immédiatement de suspendre la quadruple exécution, et de lui transmettre l'instruction et le procès, pour qu'il prenne connaissance des faits.

Le premier mouvement de Maximilien est donc la clémence, cela est manifeste ; quatre hommes sont condamnés à mort, on s'adresse à lui ; il se sent surveillé, le malheureux ! il demande les dossiers, il veut avoir l'air de faire les choses régulièrement ; il est presque certain que si personne ne s'y oppose, il dira : grâce.

Mais la clémence ne fait pas le compte du parti de l'ordre. Ces quatre têtes sont de trop ; on les veut, on les aura. M. Loysel, chef du cabinet militaire, — c'est-à-dire si nous comprenons bien, subordonné de M. Bazaine, qui était, lui, le maître absolu des choses du sabre, — M. Loysel, interprète de la pensée du maréchal, écrit à l'empereur qu'il y a des *protestations* contre la suspension de l'arrêt, que « si on enlève aux Cours martiales leur prestige, elles ne produiront plus aucun effet », et que « il faut se méfier de la SENSIBLERIE des trembleurs qui, par peur, implorent pour les malfaiteurs ».

Nous craindrions, en commentant cette dernière phrase, d'en atténuer le cynisme horrible, et comme l'appétit de chair humaine qui s'en exhale.

Nous avons désiré simplement constater ceci : l'empereur, clément par nature, veut faire grâce ; mais on l'en empêche, et on le précipite malgré lui dans la voie de la rigueur, où il se laisse entraîner par faiblesse.

Qu'on vienne maintenant nous dire que l'auteur du décret du 3 octobre, c'est ce prince, homme sans volonté, étourdi, coupable soit, mais dont le cœur en somme ne manque pas de générosité, puisqu'il pardonne à ceux qui ont été condamnés par des domestiques toujours plus royalistes que le roi, selon l'habitude ! Qu'on vienne nous dire que pour mettre sa signature au bas de cet acte barbare qui était sa propre condamnation à lui-même, l'empereur du Mexique n'a pas subi l'influence de son entourage et particulièrement de M. Bazaine, la forte tête de la troupe, qui lui a, pour ainsi dire, pris la main et fait tracer son nom, là où il eût certainement, — nous sommes en droit de le croire, — rejeté la plume, s'il eût été abandonné à ses propres sentiments !

Qu'on vienne nous dire cela ! Nous répondrons : non, cela est faux ! Non, le principal, le véritable auteur du crime du 3 octobre, ce n'est pas Maximilien, c'est l'esprit de réaction et de carnage soufflant sans cesse des conseils perfides à l'oreille de l'empereur, et dont le représentant du Deux Décembre au Mexique était la plus haute personnification. — Maximilien a écrit ce qu'on lui dictait, — voilà tout. Qui le lui a dicté ? Si ce n'est pas le maréchal Bazaine, que ce véritable gouverneur du Mexique, qui avait pleins pouvoirs, nous réponde, et qu'il nous dise pourquoi il n'a pas opposé son veto à une si monstrueuse violation des lois les plus simples de l'humanité !

Est-il même bien certain que le décret soit rédigé de la main de l'empereur ? M. de Kératry le prétend, mais M. de Kératry est un historien fantaisiste, et il n'en sait rien.

M. E. Lefèvre, auteur d'une remarquable histoire de l'intervention française, d'après les documents officiels, a vu la minute originale, et il déclare qu'elle n'est pas de l'écriture de Maximilien. Les défenseurs de la majesté déchue ont affirmé, dans le procès de Quérétaro, que M. Bazaine avait rédigé lui-même plusieurs articles ; M. de Kératry en avoue un ; on finira peut-être par s'entendre, le jour où il plaira au prisonnier de Versailles de publier un récit de ses hauts faits au Mexique.

Quoi qu'il en soit de la participation matérielle de M. Bazaine au décret du 3 octobre, sa participation morale ne fait aucun doute, quand on connaît la circulaire adressée par le maréchal à la date du 11 octobre, et qui est une espèce de corollaire plus sanglant encore de l'acte sanglant dont nous allons parler.

X

Décret du 3 octobre.

Le 21 septembre 1865, M. Loysel, chef du cabinet militaire de l'empereur, reçut le billet suivant :

« Mon cher Loysel,

« Le maréchal a reçu hier une dépêche télégraphique dans laquelle on lui dit que dans la Sonora et le Chihuahua la situation s'améliore de plus en plus. Juarez *aurait quitté* le territoire mexicain, passant la frontière au Paso del Norte, et se dirigeant sur Santa-Fé.

« Tout à toi d'amitié,

« H. Loizillon. »

Juarez *aurait* quitté le territoire mexicain ! personne n'en sait rien ; de preuves, il n'y en a pas ; on croit, on dit, le bruit court que Juarez *aurait* quitté le territoire mexicain, — alors la guerre est finie, la république s'avoue vaincue, puisque son chef disparaît; l'Empire est définitivement fondé.... on se presse les mains, on s'embrasse, on délibère, et... on met au jour le fameux décret dont nous citons les articles 1, 2 et 13.

ART. PREMIER. — Tous les individus faisant partie de bandes ou rassemblements armés existant sans autorisation légale, qu'elles proclament ou non un prétexte politique, quels que soient d'ailleurs le nombre de ceux qui forment la bande, l'organisation de cette dernière, le caractère et la dénomination qu'elle prend, seront jugés militairement par les Cours martiales. S'ils sont déclarés coupables, lors même que ce ne serait que du seul fait d'appartenir à une bande armée, ils seront condamnés à la peine capitale, et la sentence sera exécutée dans les vingt-quatre heures.

ART. 2. — Ceux qui, faisant partie des bandes dont il est fait mention dans l'article précédent, seraient faits prisonniers dans une action de guerre, seront jugés par le commandant de la place au pouvoir duquel ils se trouveront. Cet officier sera tenu, dans un délai qui ne pourra dépasser vingt-quatre heures, d'instituer une enquête, en entendant la défense de l'accusé. Il adressera sur cette enquête un procès-verbal se terminant par la sentence. La peine capitale sera prononcée contre les coupables, alors même qu'il ne leur serait imputé d'autre fait que celui d'appartenir à une bande armée. Le chef fera exécuter la sentence dans les vingt-quatre heures *en ayant soin de procurer* au condamné les secours spirituels ; après quoi il adressera le procès-verbal d'enquête au ministère de la guerre.

Art. 13. — La sentence de mort prononcée par les délits énoncés par la présente loi sera exécutoire dans le délai qu'elle fixe, *et le bénéfice du recours en grâce sera refusé au condamné.*

Lorsque l'accusé n'aura pas été condamné à la peine de mort et sera étranger, le gouvernement pourra, après qu'il aura subi sa peine, user à son égard du droit qu'il a d'expulser de son territoire les étrangers pernicieux.

Le soir même, grande fête au palais ; l'empereur, avec madame Bazaine, faisait vis-à-vis à l'impératrice qui dansait avec le maréchal. On venait de signer la mort de milliers de patriotes, et on se réjouissait.

Si l'on n'admet pas que tous ces gens-là étaient complétement fous, de quelle épithète assez flétrissante l'histoire pourra-t-elle les marquer à l'épaule ?

Λ

Plus royaliste que

M. Bazaine n'étant point ministre de l'empereur du Mexique, sa signature est absente au bas de l'acte ; mais le maréchal ne veut pas qu'on ignore son ardeur guerrière (1). Il veut prendre sa revanche du silence qui lui a été imposé par la règle officielle, et il adresse à ses subordonnés militaires la circulaire du 11 octobre.

Mexico, 11 octobre.

. . . .
. . . . Tous ces BANDITS, y compris leurs chefs, ont été mis hors la loi par le décret impérial du 3 octobre 1865.

« Je vous invite à faire savoir aux troupes sous vos ordres que *je n'admets pas qu'on fasse des prisonniers*. Tout individu, quel qu'il soit, qui sera pris les armes à la main sera MIS A MORT, AUCUN ÉCHANGE DE PRISONNIERS NE SE FERA A L'AVENIR. Il faut que nos soldats sachent bien qu'ils ne doivent pas rendre les armes à de pareils adversaires.

« C'EST UNE GUERRE A MORT, *une lutte à outrance entre la barbarie et la civilisation, qui s'engage aujourd'hui.*

« Des deux côtés, il faut tuer ou se faire tuer.

« Le maréchal commandant en chef,
Signé : « BAZAINE. »

Nota. —Cette circulaire ne sera pas copiée sur les livres d'ordres ; elle sera donnée en connaissance à MM. les officiers seulement.

Le lecteur est prié de bien remarquer le *postscriptum*. Le maréchal commandant en chef y avoue assez ingénument avoir quelque conscience de sa barbarie, puisqu'il ordonne de tenir sa note secrète ; ce *post-scriptum* vaut à lui seul bien des commentaires, et nous ne voulons pour M. Bazaine pas d'autre juge que M. Bazaine luimême.

Après ces deux odieux manifestes du maréchal et de l'empereur, on pense que les ouvriers terro-

ristes ne se firent pas faute d'exécuter avec enthousiasme les ordres venus d'en haut : les fusillades
se multiplient, le sang recommence à couler plus
abondant que jamais ; tout Mexicain pris les armes
à la main connaît son sort, les juges s'étant enlevé
à eux-mêmes, par un raffinement inouï de férocité,
le droit de faire grâce.

Parmi les premières victimes du nouveau système de pacification inauguré par M. Bazaine, il
faut compter les généraux Arteaga et Salazar, surpris par le colonel impérial Mendez avec trois colonels, des commandants et autres officiers ; ces
soldats, appartenant tous à l'armée régulière du
Mexique, défendaient, comme c'était leur devoir, les
armes à la main, la constitution violemment attaquée
par des étrangers.

Après un voyage de sept jours à travers le pays,
à pied, les prisonniers arrivèrent à Uruapan, et le
lendemain matin, au lever du jour, les généraux
Arteaga et Salazar, les colonels Diaz et Villagomez,
et le commandant Gonzalès furent impitoyablement
fusillés comme des bandits.

On sait quelles lettres ces *bandits* écrivirent à
leurs mères, quelques instants avant de présenter
leurs poitrines aux balles assassines de Maximilien
et de Bazaine.

Nous reproduisons ici ces lettres, étant de ceux
qui pensent que plus la magnanimité de la victime
est connue, plus est flétri le crime du bourreau.

Voici la lettre d'Arteaga :

Uruapan, 20 décembre 1865.

A dona Apolonia Mazallones de Arteaga.
(Aguas calentes.)

« Ma mère adorée, j'ai été fait prisonnier le 13 de ce mois par les troupes impériales, et demain je serai fusillé.

« Je vous en supplie, maman, pardonnez-moi tout le mal que je vous ai fait, pendant tout le temps que j'ai suivi la carrière des armes contre votre volonté.

« Maman, en dépit de tous nos efforts pour venir à votre aide, je vous ai envoyé tout ce dont je pouvais disposer en avril dernier ; mais Dieu est avec nous : il ne permettra pas que vous périssiez, non plus que ma sœur *Trinidad*, la petite *Yankee*.

« Je ne vous ai pas parlé jusqu'ici de la mort de mon frère Louis, parce je craignais de vous faire mourir de chagrin. Il a péri à Tuxpan, État de Jalisco, vers le 1er janvier dernier.

« Maman, je ne laisse rien qu'un nom sans tache, car je n'ai jamais rien pris qui ne fût à moi. J'espère que Dieu me pardonnera mes péchés et me recevra dans sa gloire.

« Je meurs en chrétien, et je vous dis adieu à tous, à Dolorès, à toute la famille, comme votre fils très-obéissant.

« *Signé :* José-Maria ARTEAGA. »

Voici la lettre de Salazar :

Uruapan, 20 décembre 1865.

« Mère adorée, il est sept heures du soir, et le général Arteaga, le colonel Villagomez, trois autres chefs et moi-même, nous venons d'être condamnés ;

ma conscience est tranquille. Je vais descendre dans la tombe à trente-trois ans, sans tache dans ma carrière militaire, sans souillure sur mon nom. Ne pleurez pas, mais prenez courage, car le seul crime de votre fils est d'avoir défendu une cause sainte, l'indépendance de son pays. C'est pour cela que je vais être fusillé. Je n'ai pas d'argent, car je n'ai rien mis de côté ; je vous laisse sans fortune, mais Dieu vous aidera, vous et mes enfants, qui seront fiers de porter mon nom.

« Conduisez mes enfants et mes frères dans la voie de l'honneur, car l'échafaud ne peut flétrir le nom d'un patriote.

« Adieu, chère mère ; je recevrai vos bénédictions dans ma tombe. Embrassez mon bon oncle Louis pour moi, Tecla, Lupe et Isabelle, ainsi que Camelila, Chaléla et Manuelete. Donnez-leur beaucoup de baisers, et l'adieu le plus profond de mon cœur. Je lègue au premier ma montre d'argent ; à Manuel, quatre lots de vêtements. Bien des affectueux compliments à mes oncles, mes tantes et mes cousines, à tous mes amis patriotes, et recevez le dernier adieu de votre dévoué et obéissant fils, qui vous aime beaucoup.   « *Signé :* Carlos SALAZAR. »

Voilà les hommes qu'on fusillait comme *bandits* sous le gouvernement de M. Bazaine !

Le 24 octobre, M. Napoléon Boyer, dont nous aurons à reparler plus tard, chef d'état-major de M. Bazaine, transmit les rapports sur l'exécution à M. Loysel, en les accompagnant du joli petit billet que voici :

« Mon cher Loysel,

« Je vous envoie, en communication, les deux ettres ci-jointes de Mendez. Voilà qui va bien ; je fais passer un communiqué aux journaux, *mais j'y supprime le passage relatif à la fusillade de nos camarades Arteaga, Salazar et C*e. Je crois bien faire pour le moment. *Tout se rectifie dans ce monde.*

« Voilà le vrai moment de faire de Mendez un général de brigade. Notre ami Vander Smissen aura le nez long, un peu; mais, ma foi, il a voulu se l'allonger *de motu proprio.*

« A vous,

« Napoléon Boyer. »

Sans faire de réflexion sur ce petit morceau de littérature badine, nous dirons que le lendemain, *sur la proposition du commandant en chef de l'armée française,* Mendez était nommé général de brigade. M. Bazaine devait bien cela à la bête féroce qui avait si ponctuellement exécuté ses ordres.

Faut-il encore d'autres preuves de la haute main dans le gouvernement qu'avait ce maréchal de France, deux fois traître à sa patrie, d'abord en l'avilissant au Mexique, et depuis en la livrant à l'étranger? Veut-on que nous insistions sur la manière dont ce soldat français déshonorait ses épaulettes en enchérissant encore sur le décret du 3 octobre, et en faisant lui-même exécuter à la lettre sa circulaire du 11?

Soit. — A la réception d'une dépêche annonçant un armistice conclu entre le colonel belge Zach et le chef de guérilla Juan Francisco, le maréchal devient fou de colère, et il fait adresser immédiate ment la lettre suivante à M. Loysel :

Mexico, 5 novembre 1865.

« Mon cher Loysel,

« Le rapport militaire d'hier mentionnait une dépêche télégraphique de M. le général comte Thun, annonçant la conclusion d'un armistice entre le lieutenant-colonel Zach et le chef de bande Juan Francisco. Une nouvelle dépêche, reçue aujourd'hui du même général, rectifie la première, en ce sens que l'armistice en question aurait, en effet, été proposé par Juan Francisco, mais sans que le lieutenant-colonel Zach l'ait accordé, les conditions n'en étant pas acceptables.

« Dans la pensée de M. le maréchal, le décret impérial du 3 octobre dernier doit couper court à toute négociation de ce genre. Il n'y a plus désormais, d'après les idées proclamées par l'empereur, ni belligérants, ni armistices à conclure avec eux, mais des bandits qu'il faut poursuivre et punir. S. E. *désirerait donc, qu'à cette occasion, ces principes fussent rappelés, par une lettre de l'empereur ou du ministre de la guerre, à M. le général comte Thun, avec invitation* BIEN PRÉCISE *de s'y conformer.* Veuillez, je vous prie, vous faire près du gouvernement mexicain l'interprète des DÉSIRS du commandant en chef à cet égard.

« *Signé :* N. BOYER. »

Les DÉSIRS du commandant en chef ! — Niera-t-on maintenant que M. Bazaine soit le maître, le maître absolu, celui qui donne des ordres et qui doit endosser la responsabilité ?

Tous ces faits se passent de commentaires; l'histoire a honte, elle se voile la face de dégoût, mais

elle doit enregistrer impitoyablement toutes les infamies commises depuis le commencement des siècles par ce lâche et barbare parti *conservateur,* qui,
s'intitulant le défenseur de l'ordre, de la propriété,
de la religion, n'a jamais défendu que ses propres
intérêts,—ambitions et cupidités,— et qui n'a réussi
jamais, en jetant la ruine et la mort partout où il
est passé, qu'à mériter la haine et l'exécration de
tous les honnêtes gens.

C'est au nom de ce parti conservateur, la plus
révolutionnaire de toutes les factions, que la France,
se transformant en Sainte-Alliance à l'égard du
Mexique, a violé les principes du droit international
moderne, que l'armée française, chargée autrefois,
sous les ordres des Hoche, des Marceau, etc., de la
glorieuse mission de délivrer les peuples, est devenue
un instrument d'asservissement aux mains d'un
despote.

XIII

Bazaine, oui; l'armée française, non.

L'armée française ? — Est-ce à dire qu'elle ait
subi sans protestations le rôle qu'on lui faisait jouer,
et qu'elle ait assisté, muette, au spectacle scanda-
leux que lui donnait son chef ?

Non ; il faut le proclamer bien haut, l'armée française est pure de toutes ces violences, de toutes ces
bassesses, de toutes ces infamies ; l'armée française

n'est pas responsable. De même que les héros de Forbach, de Wissembourg, de Saint-Privat sont tombés, tenant haut et ferme le drapeau de la patrie, la honte de la défaite rejaillissant tout entière sur les généraux ineptes ou traîtres, qui fumaient leur cigare ou prenaient leur café, tandis que nos frères, un contre trois, se faisaient hacher, — ainsi les soldats du Mexique, esclaves de la discipline, obéissant, comme Maximilien lui-même, aux ordres du maréchal, n'ont pas à craindre que l'histoire les comprenne dans le terrible acte d'accusation qu'elle dressera contre Bonaparte, Bazaine et les autres; ils ont fait leur devoir : ils *obéissaient*, voilà tout.

Mais, en obéissant, — il convient de le déclarer ici à leur impérissable honneur, — en accomplissant cette besogne, dont on ne rougissait pas de les charger, s'il ne leur a pas été permis de traduire hautement leurs pensées, leurs répugnances, leurs colères, du moins faut-il leur rendre cette justice qu'ils ont protesté, tout bas, en secret, contre la scandaleuse conduite de leur chef, et l'usage abominable qu'on faisait du courage et de l'honneur français.

Et ce n'est pas une des moindres charges au dossier de M. Bazaine que cette protestation à voix basse, contenue, mais indignée, qui s'échappe de certaines poitrines loyales.

Le général Félix Douay, dont l'esprit élevé et honnête se refusait aux desseins de M. Bazaine, traduit merveilleusement, dans des lettres à son frère, le mort glorieux de Wissembourg, l'état de l'opinion publique sur le compte du maréchal; le dictateur veut associer son subordonné à ses intrigues ; mais le général Douay repousse ses honteuses tentatives d'embauchage, et le lecteur va voir en quels termes il flétrit la conduite du représentant des Tuileries, et à la fois la folie de cette expédition, qui ne pouvait se terminer que par un désastre.

Ces lettres remarquables, interceptées par le cabinet noir de Bonaparte, ont évidemment motivé le brusque rappel de l'aspirant monarque, qui s'était déjà créé une petite cour, se débarrassant des consciences honnêtes qui entravaient ses projets, et n'attendant, comme on le verra, que l'occasion de s'asseoir sur le trône convoité.

I

San Luis de Potosi, le 4 janvier 1866.

L'empereur Maximilien n'a rien fait pour se constituer un état militaire. Les deux emprunts sont engloutis dans de vaines dépenses; il n'y a ni armée ni armement. 1866 présente le même aspect que 1863 et 1864. L'armée française est tout. Les promesses fallacieuses du maréchal Bazaine s'en iront en autant de déceptions qu'avant. Il faut convenir qu'il a rencontré une crédulité à l'épreuve, puisque les mêmes mensonges ont toujours le même succès. Il est difficile de se faire une idée de notre hilarité quand nous retrouvons la phrase stéréotypée dans le bulletin du *Moniteur :* « Les bandes sont détruites, etc., etc. » Si on a toujours écrit l'histoire de cette façon, il faut convenir qu'elle pourrait contenir pas mal d'impostures..... Je ne sais pas ce qui est advenu du différend de Brincourt avec le maréchal. C'est le second général après Lhériller dont le maréchal se défait. *Tous deux étaient des hommes de valeur et de distinction. Ceux-là ne font pas son affaire, il préfère des incapacités notoires, mais sans caractère; ils secondent mieux ses soi-disant plans habiles, qui se réduisent à du gâchis préparé dans du galimatias.*

II

San Luis de Potosi, 17 septembre 1865.

..... Je ne sais pas ce qui va nous arriver, car les affaires sont de plus en plus gâchées. J'ai demandé à m'en aller en congé. Le maréchal m'a accordé cette permission, mais il m'a alors révélé ce qu'il me cachait depuis trois mois : que le ministre m'avait désigné pour prendre le commandement après lui. Cet incident a amené l'échange des lettres que je t'envoie en copie ; et, de plus, j'ai adressé le tout au ministre de la guerre, et j'attends avec sérénité la décision qui sera prise à mon égard. J'espère que ce sera la licence de m'en aller et la désignation d'un autre général *pour procéder à l'exécution de ces plans, que je m'abstiens de qualifier.*

Quand on voit que le succès couronne LES PLUS ÉCLATANTES IMPOSTURES, il n'y a plus qu'à prendre son chapeau et à s'en aller.

Du temps des Romains, on se serait écrié en voyant le triomphe des vampires : — Vertu, tu n'es qu'un nom ! — A présent, nous sommes plus bourgeois, et nous devons nous contenter de dire : — Oh ! QUE LA CANAILLE EST FORTE !

III

Matehuala, 27 octobre 1866.

Le maréchal m'annonce, dans une dépêche du 11, qu'il *a l'intention* de me faire quitter San Luis pour laisser le champ libre aux généraux mexicains, et de m'appeler à Mexico. Je ne crois pas à ce dernier projet. Je sais, du reste, que Son Excellence *ne se soucie nullement de me voir près d'elle.* Cela m'importe fort peu d'ailleurs ; je n'ai nullement l'intention de prendre couleur en quoi que ce soit. Les faits qui se sont produits ont donné malheureusement beaucoup trop raison à mes prévisions, et je m'aperçois bien que *depuis que son jeu a été vu à découvert par* toute *l'armée ici, le maréchal est trop capon,* comme le renard pris dans un piége. Son châtiment commence : le massacre des Français du bataillon de Cazadores a *exaspéré toute l'armée contre le promoteur de ces moyens malsains et perfides de dégager (soi-disant) la question.*

Avais-je raison de te dire que jamais je ne prendrais la succession que le maréchal préparait avec les Cazadores, la légion et le corps expéditionnaire réduit? Voilà que lui présent et avec tout son corps au complet, l'édifice s'écroule avec fracas. La Providence a voulu que *tous ses mensonges et sa duplicité* fussent démasqués avant son départ.

Merci, mon Dieu!! J'aurai donc assez vécu pour voir la déconfiture, au moins MORALE, *de cet odieux personnage.* Je puis me retirer satisfait dans mes terres, c'est-à-dire dans un modeste entresol de la rue n'importe quoi, — pas loin du boulevard :

Quant à l'aveuglement de l'empereur Maximilien, il faut, pour s'en faire une idée, se représenter un des princes les plus idiots et les plus imbéciles, qu'on bafoue pendant les cinq actes et les trente tableaux d'une féerie de la Porte-Saint-Martin. Le voilà, maintenant, qui donne un nouveau coup de bascule et se jette dans les bras des cléricaux pour se créer une force. Son entêtement, qu'il prend sans doute pour de l'opiniâtreté, ne peut que le mener à une chûte ridicule.

IV

Mexico, 27 novembre 1866.

L'empereur doit avoir été bien trompé sur la situation; et le maréchal, qui la voit tourner à notre confusion, continue avec une imperturbable audace à déclarer qu'il n'a fait qu'exécuter les ordres de notre empereur, et déclinant aussi la responsabilité, il fait peser sur notre souverain l'odieux de toutes les mesures qui ont fait échouer notre expédition.

Il est difficile de s'imaginer un type aussi complet de fourberie. Il n'a qu'une seule préoccupation, c'est celle de s'enrichir dans notre désastre. Il sacrifie l'honneur du pays et le salut de ses troupes dans d'ignobles tripotages.

Je n'ai pas besoin de te dire combien je suis navré d'être obligé d'assister l'arme au bras au spectacle de cette saturnale.

V

Puebla, 10 décembre 1866.

Il s'est produit depuis quelque temps dans le corps d'armée et dans le public un tel mouvement d'indignation, qu'il en est résulté un véritable *tolle*, et il ne t'est pas possible de t'imaginer les énormités qui se crient partout, et en tout lieu. Sans entrer dans plus d'explications, je te dirai seulement qu'on est exaspéré de *savoir* que de toute cette désastreuse affaire de l'expédition du Mexique, *un seul homme a su en tirer une fortune, et qu'à présent c'est afin de pouvoir la liquider et l'augmenter qu'il n'hésite pas à compromettre les intérêts les plus sacrés de notre pays et de nos soldats.* Figure-toi ce que coûterait en argent et en hommes notre maintien au Mexique pendant encore une année, et tu peux mettre en présence les deux cas et faire ton jugement.

VI

..... Quant à Castelnau, il n'est pas moins *indigné de la félonie du maréchal;* mais il repousse tant qu'il peut l'échéance du scandale. Il hésite à se rendre responsable de l'éclat que ferait en ce moment son départ, et réserve ses pleins pouvoirs pour n'en faire usage qu'à la dernière extrémité. Son intention est de peser sur le maréchal jusqu'à ce que le mouvement d'embarquement soit tellement engagé, qu'il ne sera plus possible de revenir sur ses pas *par de nouvelles fourberies.* C'est là qu'est toute la question. Et j'espère bien que le général Castelnau poursuivra l'exécution de sa tâche jusqu'au bout. Il sait à présent quelle est la valeur des

assertions du maréchal Bazaine, et a une connaissance approfondie *de sa duplicité.* Tout ce que j'ai pu t'écrire, et même les
choses qu'il m'a paru imprudent de mettre sur le papier, lui
sont connues. Il est inévitable qu'il n'ait été dans la dure
obligation d'en faire la révélation à notre empereur. Tout cela
est à présent tombé dans le domaine public, et tu peux te
faire une idée du discrédit dans lequel le maréchal est tombé.
*On débite tout haut dans le corps expéditionnaire des faits
qui font dresser les cheveux sur la tête. Ce ne sont plus des
cancans et des critiques ordinaires, mais bien les plus grosses
accusations qui partent des bouches les plus officielles et les
plus autorisées.*

TU NE CROIRAIS JAMAIS LE MÉPRIS PUBLIC DANS LEQUEL LE
MARÉCHAL EST TOMBÉ DANS LES RANGS DE L'ARMÉE, et je trouve
affligeant de voir une haute dignité prostituée de cette façon
par les accusations les plus honteuses de félonie, de cupidité, etc.

Il faut enfin remonter au cardinal Dubois pour trouver un
type de faquin pareil, ayant abusé de sa situation de haute
confiance pour vendre son pays et son maître.

VII

Puebla, 29 janvier 1867.

Le général Castelnau ne se mettra en route que quand il
aura la certitude du départ du maréchal. Il est, bien entendu,
au plus mal avec Son Excellence, qui lui a joué les tours les
plus pendables depuis deux mois. Sa tâche a été des plus
pénibles, et il a contracté une fièvre intermittente dont il ne
peut se débarrasser, et que ne font qu'entretenir les soucis et
les inquiétudes de la lutte qu'il est obligé de soutenir contre
les fourberies du maréchal.

*Le public éclairé du corps expéditionnaire s'accorde à penser
que le maréchal a travaillé depuis près de deux ans à faire
échouer le navire de l'empereur Maximilien,* POUR SE SUBSTI
TUER AU POUVOIR. Les présomptions prennent du corps, et on

se demande pourquoi il a contribué avec tant de persistance à la destruction des légions belges et autrichiennes, et à la non-organisation des corps indigènes impériaux. *On sait maintenant qu'il a entretenu des intelligences avec des chefs dissidents. Il s'était tellement laissé griser par les aspirations ambitieuses de sa famille mexicaine, qu'il a rêvé pour lui, au Mexique, la fortune de Bernadotte en Suède.* On comprend, à présent, pourquoi il a tenté, en octobre dernier, de se faire remettre, comme en succession, les pouvoirs de la régence au moment où Maximilien partait pour Orizaba. Cette démarche prématurée a éveillé les soupçons, qui n'ont fait que croître depuis. L'indice le plus certain de toutes ses *intrigues insensées* se retrouve à chaque instant depuis dans les empêchements tortueux qu'il a suscités pour embrouiller les affaires et rendre notre départ impossible en mars, ce qui lui donnait une année entière devant lui pour poursuivre sa folle prétention.

L'affaire du Mexique sera une véritable catastrophe. Il y a longtemps, tu le sais, que je le prévoyais. Le gouvernement aura tout l'intérêt à la laisser, s'il le peut, dans l'ombre et le silence. *Il est possible que le maréchal Bazaine échappe, par cette raison, au châtiment qu'il mérite pour ses intrigues coupables;* MAIS IL N'ÉCHAPPERA PAS A L'INFAMIE *à laquelle il est voué par tous les honnêtes gens de l'armée,* qui sont de plus en plus indignés du scandale de sa fortune pécuniaire. Il a vendu palais, mobilier, etc., etc., s'est fait payer jusqu'au dernier jour le loyer de ce même palais, alors que la caisse faisait *banqueroute* aux officiers pour les loyers de décembre. Tout ce que je pourrais te raconter en fait d'anecdotes sanglantes ne serait encore que de l'orgeat en comparaison de tout ce qui se dit tout haut dans les petites comme dans les grandes réunions d'officiers. Le colonel Boyer a été l'agent de toutes les spéculations du maréchal.

Ce colonel Boyer dont parle le général Douay, âme damnée du maréchal, associé à sa fortune, reparaîtra plus tard au siège de Metz. Nous le trouverons à Versailles, en mission chez M. de Bismarck, traitant de la paix au nom de son maître, et revenant dans la ville assiégée raconter à nos soldats découragés que la France est livrée au pillage par les républicains, etc.

Une dernière lettre pour nous édifier sur ce per-sonnage :

VIII

..... Veux-tu, à présent, savoir comment on peut gagner de l'argent au Mexique, quand on n'a pas trop de vergogne ? Je vais te narrer une des cent manières. On nous donne la piastre pour 5 fr. 20 c. ; et quand nous prenons des traites au trésor, on nous la prend au même taux. Or, chacun de nous prend sa solde en traites, pour ne pas perdre 20 centimes par piastre, car, dans le commerce, on nous prend notre traite de 100 francs pour 20 piastres. Il n'y a là rien que de très légitime. Mais tu dois comprendre que ceux qui, au lieu de recevoir l'échange de leurs deniers du trésor, y apportent simplement celui des négociants pour bénéficier des 20 centimes par piastre, font ce qui s'appelle, je crois, le courtage. Or, c'est une industrie qui a prospéré à Mexico. Elle a pris de tels développements, que le gouvernement s'en est ému, et dernièrement un capitaine ayant dans un seul mois spéculé sur 10,000 piastres, on a prévenu le maréchal, qui a fait appeler le délinquant pour lui laver la tête. Mais le drôle, qui ne manque ni d'esprit ni d'impudence, au lieu de se laisser démonter, a répondu sans vergogne que, s'il était si coupable pour avoir pris 10,000 piastres de traites, le colonel Boyer, chef du cabinet du maréchal, l'était bien plus, puisque, dans le même mois, il en avait pris pour 80,000, ce qui faisait un bénéfice de 16,000 fr. Il paraît que le maréchal n'a trouvé d'autre réplique à faire que d'inviter ce monsieur, qui s'appelle, je crois, Chevalier, et qui est le frère du célèbre Michel, à sortir immédiatement de son cabinet.

Tel maître, tel serviteur :

Bonaparte a M. Bazaine; M. Bazaine a M. Boyer : trinité touchante.

Voilà ce que pensait du futur homme de Metz l'armée intelligente condamnée à servir d'instrument à la plus détestable ambition. Ces lettres sont accablantes pour l'accusé Bazaine ; il est évident que le général Douay y a traduit, en même temps que sa propre colère, la colère de la France même exaspérée à la fin de tant d'impudence.

Ces documents devront peser d'un grand poids dans l'esprit des juges ; ils sont, à proprement parler, dans leur familiarité terrible, la vraie et la seule histoire de la campagne du Mexique, et en même temps qu'ils absolvent le soldat, ils condamnent irrémissiblement le chef ; la responsabilité de tous les crimes retombe sur celui qui, éloignant tout ce qui ne voulait être « *ni dupe, ni complice,* » au Mexique comme à Metz, n'a jamais poursuivi qu'un seul but : le pouvoir.

Aussi, avons-nous le droit de nous étonner que, pour défendre le maréchal Bazaine, on ose insulter l'armée française, en prétendant, comme l'a fait M. de Gavardie, à la tribune de l'Assemblée nationale, que sous le procès du maréchal, il y avait « la question de l'intérêt, de la dignité de l'armée elle-même ».

Nous disons, nous, que la dignité de l'armée française n'a rien à voir avec la trahison et les crimes de ses chefs ; nous disons que la flétrissure imprimée à ce général inepte ou vendu, bien loin d'atteindre ceux qui ont fait leur devoir en obéissant, leur donne satisfaction au contraire ; le jugement de M. Bazaine venge l'armée française, et la purge en quelque sorte de ce qu'il y a eu de honteux pour elle à être commandée par un homme semblable.

Oui, malgré M. de Gavardie et consorts, c'est la personne du maréchal Bazaine qui est en jeu : c'est sa personne, c'est son ambition funeste à son pays, c'est son ineptie, c'est sa trahison ; voilà ce qui est en jeu. Quant à l'armée française, elle est au-dessus de ces infamies ; son honneur est intact, intact il restera, malgré les tentatives de MM. les bonapartistes.

XIII

Le commencement de la fin. — Échec, colère, fuite de M. Bazaine. — Moralité.

Cependant, au Mexique, l'état des choses empire de jour en jour : voici venir la fin, nous y marchons à grands pas ; l'heure de l'expiation approche. Malheureusement, elle ne sonnera pas pour tous les coupables, et ceux qui n'étaient en quelque sorte que le bras, payeront pour ceux qui étaient la tête.

L'opinion publique commence à s'émouvoir en France : orateurs à la tribune, journalistes dans la presse, tout le monde condamne hautement les folies du gouvernement sans nom qui gaspille ainsi l'or et le sang de la France ; les États-Unis ne dissimulent plus leur mauvaise humeur, le rappel de nos troupes est réclamé de tous côtés, si bien que Bonaparte déclare dans un de ses discours que l'empereur du Mexique va être abandonné à ses propres forces.

Tandis que le digne souverain de la France,

donnant à ses ministres l'exemple des plus impudents mensonges, se disait « en voie d'arriver à une entente avec Maximilien, » le pauvre empereur ne se doutait de rien.

Dès qu'il eut vent de ce qui se tramait contre lui, attéré, il envoya à Paris le général Almonte, porteur d'un nouveau traité, en remplacement de celui de Miramar.

M. Drouin de Lhuys, au nom du maître, refusa net.

La débâcle commençait, l'empire mexicain était perdu. C'est alors que l'archiduchesse Charlotte partit pour l'Europe, et que la fille des Orléans eut presque la honte d'être mise à la porte des palais impériaux par un Bonaparte.

Les événements se précipitent. M. Castelnau, envoyé particulier de l'empereur des Français, arrive le 22 octobre 1866 à Mexico, avec mission d'obtenir l'abdication de l'empereur, au besoin de la lui arracher, mais l'empereur n'était plus là; sentant que tout s'écroulait sous lui et que la dernière heure n'était pas loin, affolé, perdant la tête, il avait quitté la capitale de son empire et s'était réfugié à Orizaba.

Enfin ! le moment tant désiré par M. Bazaine est donc arrivé. Cet homme, dont nous retrouverons ailleurs, — hélas ! — l'immense ambition, touche donc à son but; déjà maître de fait, il va l'être de nom; il a si bien manœuvré, que l'archiduc est perdu; M. Bazaine voit déjà le pouvoir entre ses mains.

Il est permis de croire, — et quant à nous, c'est notre conviction profonde, conviction déjà sérieusement motivée après le Mexique, devenue certitude après la trahison de Metz, et appuyée en outre sur les lettres du général Douay, citées plus haut, — il est permis de croire, disons-nous, que le maréchal Bazaine, ayant conduit Maximilien dans l'abîme où le malheureux se débat à l'heure présente, a eu le vague espoir de remplacer un jour celui dont il avait causé la ruine. Oui, nous le répétons, la haine des postes de second ordre, et l'ardente soif de la première place qu'a toujours témoignées le traître de Metz, nous autorisent à demeurer ferme dans notre opinion. Il a eu l'espoir !.... espoir absurde, chimérique, dira-t-on, le gouvernement légal, vainqueur d'un premier étranger, devant continuer la guerre contre un second ; nous répondrons que cette guerre eut alors étrangement changé de face , M. Bazaine ayant à sa disposition les puissantes ressources de l'armée française ; et il n'eût pas déplu sans doute à Napoléon III d'achever son grotesque et impudent plagiat du premier empire en faisant, lui aussi, de ses officiers, des empereurs et des rois.

Maximilien en fuite, le ministère demeurait seul ; à ce moment, l'ambitieux démasqua ouvertement ses batteries : l'*Estafette*, journal tout dévoué à M. Bazaine, publia un long article dont nous extrayons le passage suivant :

« ... On nous assure qu'avant de laisser la capitale, l'empereur a chargé le maréchal Bazaine de la haute direction des affaires publiques, administrations civiles, politiques et militaires. La plupart des membres du cabinet, qui avaient offert leur démission samedi soir, auraient, dit-on, consenti à garder leurs portefeuilles sous la présidence du maréchal, qui se trouverait ainsi chargé de la lieutenance-générale de l'empire. *Nous avons lieu de croire ces bruits très-fondés, quoiqu'il n'ait encore paru, à ce sujet, aucun acte officiel.*

« Certes une plus lourde tâche, une plus grave responsabilité est rarement échue à un homme d'État. L'empire est en feu, le Trésor public épuisé, la confiance dans l'avenir profondément ébranlée, l'armée nationale insuffisante, l'opinion publique à peu près déconcertée. Qu'on ajoute à ces difficultés mexicaines les intérêts et la vie des résidents français à sauvegarder, l'influence future de notre pays à maintenir sur ce continent, nos alliés à protéger, et au milieu de tant de complications fâcheuses, l'évacuation à préparer,—voilà l'œuvre à mener à fin. Rude besogne, dont l'accomplissement serait fort compromis, si elle était confiée à d'autres mains.

« Dans cette circonstance suprême, la France attend de nous tous concorde, abnégation et aide réciproque. »

Cette façon de poser sa candidature était, comme on voit, assez grossière; M. Bazaine attendit l'effet produit. Il n'attendit pas longtemps : à peine ce ballon d'essai lancé, le ministère comprit toute la gravité d'une semblable nouvelle, et on envoya à l'*Estafette* un avertissement, avec le plus formel démenti à son allégation.

Alors le prétendant évincé ne cache plus son dépit; son attitude se dessine nettement, il ne se donne même plus la peine de déguiser ses sentiments sur la situation, ni son hostilité envers l'infortuné dont il a été le mauvais génie. Réfugié

Orizaba, l'empereur annonce dans un manifeste qu'il réunit « *un congrès national auquel seront appelés tous les partis, et qui décidera si l'empire doit continuer à l'avenir.* »

Le Congrès assemblé, le maréchal Bazaine fait un long discours, où il déclare que l'empire est perdu, et que l'empereur doit se retirer.

Cela ne suffit pas à l'auteur de la circulaire du 11 octobre : il fait offrir au général Porfirio Diaz, — trahison à jamais honteuse, — de lui livrer celui pour lequel il a commis, pendant trois ans, tant d'atrocités. Ce dernier acte, qui est le digne couronnement de la carrière du maréchal Bazaine au Mexique, nous est attesté par la lettre suivante adressée le 3 mai 1867, par le général Diaz lui-même, à M. Matias Roméro, ministre de Juarez, à Washington :

« Avant mon arrivée devant Mexico, Portillo, qui se fait appeler ministre de la guerre, m'a offert de me remettre la ville si je voulais lui donner des garanties pour sa sûreté personnelle. O'Horan m'a fait les mêmes propositions, en ajoutant qu'il me livrerait le général Marquez, à la condition d'avoir la vie sauve et d'obtenir un passe-port pour l'étranger. Les scélérats sont toujours traîtres, même envers leurs propres amis.

« En outre de cela, *le maréchal Bazaine, par l'intermédiaire d'une tierce personne, m'a fait offrir de mettre entre mes mains les villes occupées par les Français et de me livrer Maximilien, Marquez, Miramon, etc., si j'acceptais une proposition qu'il me faisait et que j'ai repoussée, parce que je ne l'ai point trouvée* HONORABLE. Une autre proposition, venant également de l'initiative du maréchal Bazaine, avait trait à l'acquisition de 6,000 fusils et de 4 millions de capsules ; si je l'avais désiré, il m'aurait vendu aussi des canons et de la poudre ; mais j'ai refusé d'accepter ces propositions. L'intervention nous a ouvert les yeux ; et, à l'avenir, nous serons plus prudents dans nos rapports avec les puissances européennes, surtout avec le gouvernement français. »

Naturellement, le général Diaz refuse ces propositions ignobles ; que va faire le maréchal ?

Le 3 février 1867, la proclamation suivante, où le bouffon le dispute à l'odieux, est affichée sur les murs de Mexico :

« Quartier général de Mexico, 3 février 1867.

« Mexicains,

« Dans peu de jours, les troupes françaises quitteront Mexico.

« Durant les quatre années qu'elles ont passées dans votre belle capitale, elles n'ont eu qu'à se féliciter des relations sympathiques qui se sont établies entre elles et la population.

« C'est donc au nom de l'armée française qu'il commande, en même temps que sous l'impression de ses sentiments personnels, que le maréchal de France, commandant en chef, prend congé de vous.

« Je vous adresse donc les vœux communs que nous formons pour le bonheur de la chevaleresque nation mexicaine.

« Tous nos efforts ont tendu à établir la paix intérieure. Soyez assurés, et je vous le déclare au moment de vous quitter, que notre mission n'a jamais eu d'autre objet, *et que jamais il n'est entré dans les intentions de la France de vous imposer une forme quelconque de gouvernement contraire à vos sentiments (!!!)*

« Maréchal BAZAINE. »

M. Bazaine, comprenant que le seul parti qui lui restât était la fuite, faisait ainsi ses adieux au Mexique, et renonçant, — pour le moment, — à ses rêves de grandeur, il quittait ce malheureux pays où il avait fait assassiner tant de nobles et innocentes victimes, et mis tant de piastres dans ses poches.

Le 5, l'évacuation de Mexico eut lieu, et le 7 mars le maréchal s'embarqua pour la France.

Telle fut la fin de l'expédition française au Mexique ; ainsi se terminait cette tragique aventure qui eût suffi pour déshonorer l'empire, si le gouvernement du 2 décembre eût pu être déshonoré, et qui a noté d'une égale infamie Bonaparte et Bazaine. C'était pour cela, c'était pour fuir à la hâte, après de si beaux exploits, c'était pour obtenir un pareil résultat, que 50,000 soldats français étaient restés quatre ans à 2000 lieues de la patrie, et qu'on avait gaspillé 100,000,000 fr., sans compter les familles ruinées par l'éloquence de M. Rouher, les femmes veuves et les enfants orphelins !

Et maintenant, Français, votez des plébiscites, lisez l'*Ordre* de M. Duvernois, restaurez la monarchie impériale ; voilà les résultats des gouvernements de *bon plaisir !*

XIII

La Revanche.

On connaît le dénoûment du drame : Maximilien d'Autriche, assiégé à Quérétaro, fut fait prisonnier, et après un jugement qui le condamnait à mort avec Miramon et Tomas Mégia, fusillé le 19 juin 1867, en compagnie des deux généraux traîtres à leur pays.

Ainsi périssent tous ceux qui essayent follement d'asservir les peuples, et d'établir on ne sait quels trônes chancelants, sur les ruines de la liberté !

Cependant, M. le maréchal Bazaine, de retour en France, riche, honoré, les poches pleines d'argent, et la poitrine couverte de décorations, attendait patiemment l'occasion qui lui avait échappé au Mexique, tout disposé à prendre sur ses compatriotes la revanche de son échec d'outre-mer.

Nous allons voir comment, la politique intelligente de son maître Bonaparte l'ayant servi à souhait, il ne fut pourtant pas plus heureux ici que là-bas, échoua une fois encore dans ses projets ambitieux, et finit, — dénoûment imprévu, — par trouver le conseil de guerre, là où il espérait rencontrer le pouvoir.

Qui a échappé à Quérétaro est peut-être réclamé par Satory !

METZ

I

Le Plan.

Tout en laissant au gouvernement impérial la part de responsabilité qui lui incombe dans nos malheurs, en condamnant, comme il le mérite, ce régime abominable qui a énervé et corrompu la France pendant vingt années, il convient de dire que, au point de vue des opérations militaires, les désastres inouïs de la guerre franco-prussienne doivent être mis à la charge de M. le maréchal Bazaine. A côté de Napoléon III, aussi sévèrement que lui, il sera flétri par l'histoire, et classé parmi les noms maudits que la Patrie prononce avec horreur.

La situation prise par M. Bazaine autour de Metz, son entêtement à refuser de prendre la route de Verdun, qui lui est trois fois ouverte par la victoire, son désir évident de rester seul maître, sans contrôle, sans rival, amènent le mouvement de Mac-Mahon et la capitulation de Sedan. Et c'est un fait incontesté, que la reddition de Metz et des 173,000 hommes de l'armée du Rhin, en jetant brusquement sur la Loire les 200,000 hommes de Frédéric-Charles, juste après l'affaire de Coulmiers, décida du sort de Paris, désormais privé de tout secours extérieur, et donna le coup de grâce à la France expirante.

De quelque côté que l'on se tourne au milieu de ces ruines dont nous commençons à peine à sortir, malgré les manœuvres des prétendants, on rencontre donc le maréchal Bazaine; partout se dresse l'image de cet homme funeste à son pays.

Du premier jour au dernier, M. Bazaine n'a qu'une pensée : se débarrasser de quiconque pourrait lui disputer sa gloire, ou lui ravir un morceau du gâteau qu'il veut s'adjuger tout entier, quand l'heure sera venue.

Nous le suivrons depuis son entrée en campagne jusqu'à sa trahison suprême ; il ne cachera jamais sa colère contre tous ceux dont il redoute la *concurrence*. Nous le verrons refuser successivement toutes les mains qui lui sont tendues, parce qu'il entend n'être l'obligé de personne, et mettre la France dans une situation telle, qu'il ne lui reste, au moment tragique, que lui, Bazaine, avec son armée gardienne de *l'ordre*. Lui, ou la ruine, tel est son plan.

La félonie de cet homme est monstrueuse ; elle est vraie. Il est logique, il continue ici ce qu'il a déjà commencé ailleurs : Metz est le digne corollaire du Mexique. Qui a voulu trahir Maximilien pour se mettre à sa place, devait livrer la France aux Prussiens, espérant qu'ils la lui donneraient à gouverner.

C'est d'abord le général Le Bœuf qui l'exaspère ; puis c'est Frossard qu'il laisse battre ; ensuite c'est l'empereur lui-même qu'il fait partir, avec promesse de le suivre; plus tard, c'est Mac-Mahon, avec lequel

il refuse évidemment d'opérer sa jonction ; M. Trochu
lui-même, en sa qualité de président du gouvernement, est en butte à la haine de M. Bazaine, et ce
maréchal traite du haut de sa grandeur ce général
qui a osé lui voler la première place.

M. Bazaine est jaloux ; il n'est que cela, il l'est
d'une façon stupéfiante, et qui serait bien risible, si
on n'en avait tant pleuré. Il est jaloux ! toute sa conduite se résume en ce mot. — Le salut public ? cela
lui est bien égal. — La France ? il s'en moque. Ce
qu'il lui faut, c'est le pouvoir..... il aura l'infamie !

II

Première trahison.

Napoléon III, grand capitaine, connu surtout par
ses cabrioles à la tête d'une bande empanachée et
saoûle dans les rues de Strasbourg, et par le coup de
pistolet de Boulogne, s'adjugea, en qualité de neveu
de son oncle, le commandement en chef des forces
nationales. Le triste sire qui prenait l'armée française pour une troupe de cirque, et se figurait que
la ferblanterie et la verroterie suffisaient pour gagner
des batailles, nomma le maréchal Le Bœuf major
général. M. Le Bœuf était donc le bras droit de Sa
Majesté ; tous les autres généraux perdaient les com-
mandements qu'on leur avait promis. Tous se turent,
faisant passer l'intérêt du pays avant leur ambition
personnelle.

Mais il n'était pas dans le caractère de M. Bazaine

d'accepter ainsi des ordres d'un supérieur, et de se contenter d'un poste secondaire, où il n'aurait ni initiative, ni liberté, ni rôle à remplir. Cette nomination d'un rival à un poste qu'il se croyait seul capable d'occuper, fut pour son amour-propre une blessure cuisante. Dès ce jour, a dû naître dans sa pensée l'intention de conquérir seul cette première place qu'on lui refusait, et de diriger les événements de telle sorte qu'il devînt l'homme utile, l'homme nécessaire.

Il est furieux, cela est évident. Toute la campagne de France, toute cette guerre de trois mois pendant lesquels l'ennemi nous a pillés, volés, égorgés, n'a été pour M. Bazaine qu'un long dépit, qu'une longue colère, qu'il ne se donne même pas la peine de dissimuler. Être le premier, voilà son rêve ; naturellement, il hait tout ce qui lui fait obstacle.

Le 21 juillet, il prend le commandement temporaire à Metz, mais il quitte immédiatement la ville à la nouvelle de l'arrivée de M. Le Bœuf; il ne veut pas voir le major général, ce supérieur l'agace, l'exaspère ; il part pour Saint-Avold avec le 3ᵉ corps, et là, il attend les événements.

Le 6 août, à Forbach, tandis que le général Frossard déjeunait tranquillement chez le maire, une armée prussienne tombe à l'improviste sur le 2ᵉ corps. Toute la journée, le canon tonna ; les nôtres, inférieurs en nombre, surpris, mal commandés, se firent hacher jusqu'au soir, sans qu'il vînt de renfort sérieux. M. Bazaine avait sa première division à Sarreguemines, à dix-huit kilomètres de Forbach ; la 2ᵉ, à Bening, à dix kilomètres ; la 3ᵉ, à Puttelange, à dix-sept kilomètres, et la 4ᵉ, à Saint

Avold, à dix-sept kilomètres. Il était, pour ainsi dire, sur le champ de bataille ; il n'avait qu'un pas à faire pour changer complétement la face des choses, pour arrêter le mouvement des Prussiens, et remporter sans doute une victoire dont l'influence eût été considérable sur la suite de la guerre.

Ce pas, il ne l'a point fait. Calme, sans remords, presque joyeux, il a assisté à la défaite de l'armée française, et c'est le soir seulement, vers quatre heures, qu'il s'est décidé à mettre son corps en marche, au moment même où le 2e corps était mis en fuite par les Prussiens, débordant de tous côtés.

Il avait saisi la première occasion de manifester son mécontentement. — Ah ! vous me donnez un misérable 3e corps à commander ! Ah ! vous réservez les honneurs pour d'autres ! Moi, je vous laisse battre ! Cette étrange façon de défendre son pays envahi par l'ennemi devait durer trois mois, jusqu'à la capitulation de Metz.

Le lendemain de Forbach, un grand personnage impérial disait devant plusieurs témoins : « C'est à croire que Bazaine trahit. »

Ce n'était que la première trahison

III

Borny, Gravelotte, Saint-Privat.
L'investissement voulu.

Il en recueillit bientôt les fruits : Frossard était battu, Le Bœuf convaincu de nullité, Mac-Mahon, écrasé à Reischoffen, entraînait de Failly dans sa déroute ; l'Alsace et la Lorraine étaient brusquement envahies, et deux armées prussiennes, suivies d'une troisième, venaient faire leur jonction de ce côté-ci des Vosges, au cœur même de la patrie. La France poussa un cri terrible de douleur, et, tendant les bras vers celui dont elle ne connaissait, hélas ! ni la conduite passée, ni la tactique présente, elle appela Bazaine à son secours ; elle ordonna de chasser tous es généraux d'antichambre,et de donner le commandement supérieur de l'armée du Rhin à celui qu'on nommait encore le vainqueur du Mexique.

Le maréchal Bazaine est donc le premier, le maître ; il a obtenu ce titre tant convoité, il semble que rien ne l'empêche plus maintenant de faire son devoir de soldat, puisqu'en combattant pour la France, il travaille aussi à sa propre gloire.

Mais l'empereur est toujours là ; s'il ne commande plus de nom, il s'efforce de conserver sur les hommes et les choses une influence directe, et ce Napoléon le Petit, envieux de singer Napoléon le Grand, a la prétention de diriger toujours celui entre les mains duquel il a abdiqué. Le maréchal Bazaine voit parfaitement cette manœuvre, il en souffre, et le 14 août, un officier, venant lui dire que l'empereur désire voir hâter le passage des troupes sur la rive gauche de la Moselle, il répond : « Oui, hier c'était un *ordre*, aujourd'hui c'est un *désir*; la même chose sous deux mots différents. »

Après s'être élevé au-dessus de ses collègues, il s'agit donc maintenant pour lui de se soustraire à la tutelle de l'empereur, d'éloigner, à quelque prix que ce soit, et par n'importe quelle tactique, cet homme qui commande encore à celui qui ne veut pas obéir.

Il faut se débarrasser de l'empereur. Le moyen est fort simple : le laisser partir, et soi-même ne pas partir ; le laisser gagner Verdun, et rester à Metz, s'y faire enfermer, mettre une armée prussienne entre soi et le souverain fugitif, après avoir feint de vouloir exécuter un mouvement qu'on arrêtera dès qu'on sera seul, et maître de la situation ; voilà tout.

De là, cette tragédie sanglante en trois actes : Borny, Gravelotte, Saint-Privat.

Le maréchal Bazaine prit le commandement le 12 août ; la retraite sur Verdun semble arrêtée dans son esprit, il en a sans doute étudié les chances, et, après délibération, il a adopté ce nouveau plan qui permet à l'armée du Rhin d'échapper à l'ennemi menaçant ses derrières, et de rejoindre Mac-Mahon, en train de se reconstituer à Châlons. Rien ne permet de découvrir une arrière-pensée chez le maréchal, tant que l'empereur est là ; les instructions sont claires, les vivres sont pris, tout est préparé ; on n'a plus qu'à marcher.

C'est ici que la mauvaise volonté de M. Bazaine devient manifeste, et qu'il est impossible de ne pas voir nettement son désir de rester à Metz, bien qu'il paraisse en vouloir partir.

Trois routes conduisent à Verdun ; les deux premières par Mars-la-Tour et par Étain, réunies jusqu'à Gravelotte ; la troisième, la meilleure, par Briey. Il semble assez naturel qu'un commandant en chef, dont la préoccupation constante doit être de sauver ses troupes en péril, s'applique à éviter tout danger, même probable, et choisisse, entre plusieurs chemins, le plus sûr, le plus avantageux ; cela est élémentaire, l'esprit du dernier caporal saisit sans difficulté cette stratégie enfantine ; M. Bazaine fit juste le contraire de ce qu'ordonnait la plus vulgaire prudence, et, comme il lui est difficile d'arguer d'ignorance en pareille matière, nous sommes forcé de voir là la suite du système de trahison inauguré déjà.

Prendre les deux routes passant par Gravelotte, c'était sans aucun doute préparer l'encombrement qui ne manqua pas de se produire ; c'était ralentir la marche, quand il fallait gagner l'ennemi de vitesse et éviter un combat inutile, dangereux même.

Tous ces avantages, on les trouvait dans l'itinéraire par Briey : c'est pourquoi M. Bazaine ne voulut pas entendre parler de cette route, prétextant qu'elle était occupée par l'ennemi. Il mentait, car lui-même avait averti les chefs de corps qu'ils n'avaient rien à craindre du côté de Briey, *dont les Prussiens étaient encore loin.* — Cet homme est tellement possédé de l'esprit de félonie, ses vues d'ambition l'absorbent à tel point, qu'il oublie ses ordres de la veille, et s'expose de gaieté de cœur à être convaincu d'imposture.

Cependant on se met en marche ; mais il fallait passer sur la rive gauche, et on manquait de ponts. On en construisit... un, pour 150,000 hommes ! L'ennemi, qui nous guettait, nous laissa commencer le mouvement puis se jeta brusquement sur notre arrière-garde ; il fallut faire volte-face et soutenir les assauts multipliés des Prussiens ; c'est l'affaire de Borny. La victoire nous restait pourtant ; l'armée de Steinmetz se retira sans avoir pu entamer nos positions ; mais l'ennemi avait franchi plus haut la Moselle et il nous prévenait sur la route de

Verdun; son but était atteint... celui du marécha
Bazaine aussi.

Le 15, l'armée du Rhin passe enfin la Moselle.
M. Bazaine donne l'ordre de se mettre en route le
16, dès la pointe du jour. A ce moment même, l'empereur partait; il se sauvait, abandonnant lâchement
les soldats de la France, et n'ayant pas le cœur de
partager le sort de ceux qu'il avait précipités dans
de si terribles aventures. Nos troupes arrivent peu
après à Gravelotte, attaquent l'ennemi, et dans un
combat acharné qui nous coûte 17,000 hommes, le
repoussent de toutes parts. Il ne reste plus qu'à
marcher en avant, sans donner aux Prussiens le
temps de se reformer, et qu'à suivre au plus vite
cette route de Verdun, gagnée au prix de tant de sang.

Ordre de battre en retraite ! — Mais nous sommes vainqueurs ! Ordre de revenir en arrière. —
Mais nous avons devant nous, ouverte et libre, cette
route convoitée, par laquelle les premiers désastres
peuvent encore se réparer ! Ordre de se replier sous
Metz. — Mais c'est insensé ! c'est abominable, c'est
une trahison, c'est un guet-apens ! — Ordre du maréchal.

Le maréchal a-t-il perdu l'esprit ? à quoi pense-t-
il ?—Le maréchal pense ceci : « L'empereur est parti;
si je l'ai éloigné, c'est que j'ai voulu m'en débarrasser, parce qu'il me gênait; il serait donc absurde de
le rejoindre. Conclusion : la victoire serait-elle plus
brillante, les Prussiens complétement écrasés, on
rentrerait néanmoins à Metz, parce que je ne veux
pas quitter Metz, et que j'ai mes desseins. » Voilà
ce que pense M. Bazaine.

Ce fut une explosion de colère dans l'armée; l'ennemi lui-même fut stupéfait, il ne comprenait rien à une pareille tactique ; la fuite après la victoire, cela le dépassait ; il pouvait bien accuser nos chefs d'incapacité, hélas ! mais il ne songeait pas à les taxer de trahison. L'ennemi était trop généreux pour M. Bazaine.

On alluma un immense brasier, et on y jeta les vivres, les effets de campement, les approvisionnements de toute nature, qu'on ne pouvait emporter dans la retraite, et qui seraient tombés aux mains des Prussiens. C'est ainsi qu'agissait M. le maréchal après une victoire ; on se demande ce qu'il eût fait après un désastre !

La route par Gravelotte était perdue par la faute de M. Bazaine, par sa volonté seule ; restait la route par Briey, la meilleure, celle qu'on eût dû suivre d'abord. Il s'agissait de la perdre aussi, et M. Bazaine serait au comble de ses vœux. Ce fut l'affaire de la bataille de Saint-Privat.

Les Prussiens comprirent que l'engagement décisif de la campagne allait avoir lieu ; les deux armées de Steinmetz et de Frédéric-Charles furent réunies, formant un effectif de 240,000 hommes, et l'attaque eut lieu, formidable. Le courage de nos soldats ne se dément pas, et guidés par des chefs qui, cette fois, firent vaillamment leur devoir, ils se battirent tout le jour comme une légion de héros, soutenant le choc d'un ennemi double en nombre, prêts à s'élancer, et à tout culbuter, si l'ordre qu'on attend arrive enfin.

Mais l'ordre n'arrive pas ; il n'arrivera pas. M. Bazaine, tandis que son armée se fait hacher et donne à la patrie ce spectacle d'un sanglant et inutile sacrifice,

M. le maréchal Bazaine ne bouge pas, comme si tout était pour le mieux. Le matin, il n'a pas visité les positions, il n'a point vu les troupes, il n'a point fait de plan, il a tout abandonné au hasard ; et maintenant que la bataille est engagée, maintenant que la canonnade tonne, furieuse, à deux pas de lui, il reste paisible, n'envoie pas d'ordres, et répond avec le plus grand calme, presque impatienté de leur impertinente curiosité, à ceux qui viennent le consulter : « Vos officiers ont de bonnes positions, qu'ils les défendent ! »—Oh ! quel châtiment digne de son crime pourra frapper cet homme !

Dans l'après-midi, le commandant en chef commence enfin à s'inquiéter de ce qui se passe. Il quitte son quartier général et se dirige... où ? vers le champ de bataille, sans doute ? Non. Il va s'installer sur le plateau de Saint-Quentin ; là, il regarde de loin l'action, s'amuse à faire placer quelques canons, qu'il pointe lui-même du côté opposé au combat, sur un ennemi imaginaire, et se contente d'envoyer, — dérision ! — deux batteries de renfort, quand il y a, tout près de lui, cent vingt bouches à feu de gros calibre, qui devraient être depuis longtemps dans la mêlée, et des milliers d'hommes qui attendent, l'arme au pied.

L'idée fixe qui tourmente cet homme l'empêche de prendre les mesures les plus élémentaires pour secourir ses troupes, et assurer la victoire. Tandis que Frédéric-Charles, désespérant de briser la résistance des corps de Le Bœuf et de Ladmirault, se décide à tenter un immense effort, et lance contre nos bataillons 80,000 hommes de troupes fraîches, qui sont repoussées avec de grandes pertes, le maréchal Bazaine n'a qu'une préoccupation : assurer sa retraite, *et empêcher l'ennemi de couper ses communications avec Metz;* la garde est là, sous sa main, il ne s'en inquiète nullement, et ne lui donne aucune instruction ; il se contente de jeter un regard distrait sur les équipages du 6ᵉ corps, qui fuient en désordre, puis il rentre paisiblement à son quartier général, au moment où l'ennemi allait renouveler son attaque, plus furieuse que jamais, et faire changer de côté la victoire, qui, malgré l'infériorité du nombre et l'infamie du chef, était restée jusque-là à l'héroïsme de nos soldats !

Ainsi, non-seulement ce maréchal n'a rien fait pour secourir nos troupes, mais il semble même que la défaite ait été, avant le combat, prévue par lui; qu'il l'ait regardée comme nécessaire à son plan, en un mot, qu'il l'ait voulue. Oui, dans cette batai le terrible, où les Prussiens avaient mis en ligne les deux tiers de leurs troupes d'invasion, M. Bazaine laissa dans son camp la réserve générale d'artillerie, il laissa toute la grosse cavalerie à Longeville, dans la banlieue de Metz ; la cavalerie de la garde ne monta même pas à cheval, l'infanterie de la garde resta immobile, sans ordres, à une lieue du champ de bataille, jusqu'à six heures du soir ; alors seulement, et sur les instances du général Ladmirault, elle partit, mais arriva trop tard. — C'était prévu.

Voilà ce qu'a fait l'homme auquel la France avait confié ses destinées, l'homme en qui elle avait mis tout son espoir ; voilà ce qu'a fait ce traître qui, froidement, férocement, a laissé assassiner ses soldats, envahir, piller sa patrie, n'ayant qu'une idée, conserver une armée pour rétablir l'ordre, et se faire adjuger le pouvoir, comme autrefois les Claude et les Caligula stupides se faisaient porter en triomphe par les prétoriens. Il n'a pas même vu, dans son aveuglement, qu'il insultait l'armée après l'avoir trahie, et que, s'il lui plaisait, à lui, d'être Claude, il ne trouverait pas un soldat qui voulût être Gratus.

Cette bataille de Saint-Privat, que M. Bazaine intitule modestement : « Défense des lignes d'Amanvilliers, » croyant ainsi rejeter sur les chefs de corps une responsabilité qui retombe sur lui tout entière, cette bataille nous avait coûté 12,000 hommes, et aux Prussiens 25,000 ; ces chiffres sont plus éloquents qu'aucun commentaire.

Le lendemain, 19 août, toute l'armée se repliait sous Metz ; elle était définitivement investie. M. Bazaine avait bien manœuvré, il avait réussi. Cette fois, il se croyait bien le maître, et il se figurait n'avoir plus besoin que d'un peu de patience.

<h2 style="text-align:center">IV</h2>

Comment on se débarrasse d'un rival.

Cependant un nouveau danger menace M. le maréchal Bazaine ; Frossard, Le Bœuf, de Failly, sont devenus ses subordonnés ; il a éloigné l'empereur, il s'est fait enfermer à Metz, il commande !... Mais Mac-Mahon marche vers Sedan !

Si Mac-Mahon réussit, si la jonction entre l'armée de Metz et l'armée de Châlons s'opère, tous les plans de Bazaine s'évanouissent, tout son échafaudage s'écroule ; le grand rôle est pour Mac-Mahon, la gloire est pour lui, et Bazaine aura *travaillé* (!) en vain. Se débarrasser de Mac-Mahon, voilà donc, à partir de ce moment, la pensée de l'homme du Mexique.

Et pourtant, si la jonction des deux armées avait eu lieu, qui sait ce qui en serait résulté ? Ce qu'on peut affirmer, c'est que le désastre de Sedan eût été évité, et l'armée de Châlons sauvée. — Mais qu'importent ces niaiseries à M. Bazaine ; il ira, s'il le faut, au but qu'il s'est marqué à travers les ruines de la patrie.

Dans la journée du 23 août, le maréchal Mac-Mahon envoyait au maréchal Bazaine la dépêche suivante :

« *Je suis à Reims, je marche dans la direction de Montmédy. Je serai après-demain sur l'Aisne, d'où j'opérerai suivant les circonstances pour venir à votre secours.* »

M. Bazaine s'empresse de mettre la dépêche dans sa poche, sans en dire un seul mot. Quel que fût son dépit, il ne put cependant se dispenser d'agir : le peu de conscience qui lui restait, parlait encore. Mais au lieu de se hâter, comme l'exigeait impérieusement la situation, il temporisa, laissa passer trois jours à dessein, et arrêta le mouvement pour le 26, quand Mac-Mahon attendait depuis le 23.

Enfin, les troupes sont prêtes, l'ardeur est générale ; on brûle de vaincre, on va donc prendre sa revanche !

Point. Arrive contre-ordre ; les chefs ont été rassemblés en conseil, on ne leur a pas parlé de la dépêche du 23, on les a trompés sur les munitions, si bien que tous, excepté Bourbaki, ont déconseillé l'expédition. L'armée rentre dans ses campements.

Le 29, nouvelle alerte ; M. Bazaine déclare avoir reçu une dépêche de Mac-Mahon. Il l'avait entre les mains depuis sept jours, mais n'avait voulu marcher que lorsque toute chance de succès aurait disparu. — L'histoire jugera cet homme bien sévèrement.

Le 31, seulement, après un nouveau retard, on se met en route à onze heures ; à deux heures et demie, toute l'armée est là, impatiente, stupéfaite de la conduite de son chef. On attend toujours ; quoi ? rien. — Il faut bien donner à l'ennemi tout le temps nécessaire pour repousser notre attaque.

On avertit M. Bazaine que les Prussiens arrivent : « C'est bien, dit-il, ce sont les troupes de la rive gauche. » On attend toujours. Le maréchal Le Bœuf doit commencer l'attaque au signal que lui donnera le commandant en chef, par un coup de canon ; Bazaine s'emporte : « Que fait donc Le Bœuf ? — Il attend le coup de canon, répond le chef d'état-major. — C'est juste, » dit Bazaine....., et il ne fait pas tirer le coup de canon.

Enfin, l'action s'engage à QUATRE HEURES. Le maréchal reste étranger à tout ce qui l'entoure, et, selon son habitude, il n'envoie ni ordres, ni instructions. Cependant la *furie française* enlève les tranchées de l'ennemi ; les Prussiens, culbutés, fuient. Encore une fois le passage est ouvert. Comme à Borny, comme à Gravelotte, comme à Saint-Privat, il n'y a qu'à marcher ; c'est pourquoi l'on s'arrête. M. Bazaine a disparu ; il est allé se coucher au village de Saint-Julien, abandonnant

son armée. — Alors on entendit crier de tous côtés :
« Nous sommes perdus, il ne veut pas sortir... on
l'avait bien dit ! »

On coucha sur les positions ; le lendemain matin,
1ᵉʳ septembre, arriva un ordre ambigu, conçu à
peu près en ces termes : « Selon ce qui se passe
devant vous, continuez l'opération commencée hier,
ou revenez sous les forts. » Un des officiers chargés
de porter cet ordre dit au général Jarras : « Mais
c'est la retraite, il n'y a pas à s'y tromper. »

C'était là retraite, en effet ; à dix heures, elle commença. M. Bazaine avait une fois encore sacrifié
inutilement le sang des Français ; il est vrai qu'il
avait obtenu ce qu'il désirait : il était délivré de
Mac-Mahon.

C'est ainsi que M. le maréchal Bazaine a cru
devoir utiliser l'armée sans tache que la patrie
enthousiaste lui avait confiée. Il ne nous convient
pas d'insister sur ces faits, et de mettre davantage en
relief la trahison infâme de celui qui pouvait tout
sauver, et qui a tout perdu, parce qu'il a voulu tout
perdre ; personne n'a osé défendre cet homme, pas
même ses amis politiques. Il est jugé et condamné
à l'avance ; le conseil de guerre ne fera que ratifier
le verdict prononcé depuis longtemps par la conscience humaine indignée et frémissante.

Nous allons assister au digne couronnement d'une
œuvre si bien commencée.

V

Les Prussiens entrent en scène; M. Bazaine mystifié se croit mystificateur.

L'heure de l'agonie n'est pas loin ; M. Bazaine se frotte les mains ; les choses sont en excellente voie : la France vaincue va demander grâce, l'homme de Metz sortira à la tête de son armée, invaincue et glorieuse ; il le croit du moins. Il compte sur le pouvoir, il croit le tenir déjà. — Il était écrit que tous ses projets avorteraient, et que ce traître ne retirerait aucun profit de tout le mal qu'il faisait à la France.

Dans la soirée du 6 septembre, le camp prussien est rempli de hourras et de cris de joie ; le lendemain, une compagnie de partisans fait quelques prisonniers, et rapporte des journaux allemands ; l'armée de Metz apprend ainsi le désastre de Sedan, et la proclamation de la République.

La place qu'ambitionnait M. Bazaine est prise. Mac-Mahon disparu, toute sa jalousie se reporte sur le général Trochu, et il témoigne hautement son antipathie pour le chef du gouvernement de la défense nationale. Il croyait en avoir fini avec ses rivaux ; il en trouve encore un, il le hait, c'est tout simple.

Aussi, plus que jamais, il reste immobile ; après une proclamation à l'armée, où il est question de défendre le territoire contre l'étranger, et l'*ordre social contre les mauvaises passions*, il s'enferme chez lui, laisse l'initiative aux chefs de corps, paraissant avoir oublié complétement sa situation, et l'effroyable responsabilité qui pèse sur sa tête.

Au fond de sa retraite du Ban-Saint-Martin, M. le maréchal Bazaine réfléchit ; il songe à toutes ses trahisons ; aucune ne lui a réussi, il est toujours isolé ; la France continue la lutte ; que faire ? à qui s'adresser ? — M. Bazaine s'adresse à l'ennemi.

C'était là ce que voulait l'ennemi, ayant compris depuis longtemps tout le parti qu'il y avait à tirer d'un pareil homme.

Le colonel Boyer est chargé de porter une lettre au prince Frédéric-Charles, mais M. Boyer est arrêté aux avant-postes prussiens ; il y laisse sa lettre et revient à Metz.

Le lendemain, le prince Frédéric-Charles, dans une épître des plus gracieuses, donne au maréchal tous les renseignements qu'il demande, insistant en particulier sur « la guerre civile qui désole la France, dit-il, et le refus formel de vingt-six départements de reconnaître le nouveau gouvernement. » — Le courtois ennemi se met à la disposition de M. Bazaine pour tous les renseignements qu'il lui plaira d'avoir.

A la même époque, et par une coïncidence qu'on qualifierait de bien étrange, si elle n'était toute naturelle, le gouverneur de Reims fit publier un communiqué officiel où il était dit que « *la France étant définitivement vaincue, et la paix nécessaire, la Prusse ne traiterait qu'avec l'empereur, ou l'impératrice, ou le maréchal Bazaine, l'autorité la plus élevée, et la seule représentation régulière du régime impérial.* »

Ce document fut connu à Metz ; il produisit sans

aucun doute une grande impression sur M. Bazaine; la défaite de son pays, et sa propre élévation, à lui, sur les ruines de la France, miroitèrent aussitôt à ses yeux; la gloire, les honneurs, tout ce qu'il avait rêvé jusque-là, il le trouvait, et sans difficulté. Désormais il va être le jouet de l'ennemi, qui, voyant son aveuglement, n'hésite pas à avoir recours à cette monstrueuse mystification dont le fameux M. Régnier est le héros.

Le 23 septembre, à huit heures du soir, M. Régnier se présente aux avant-postes français, accompagné d'un officier prussien. Il désire voir le maréchal Bazaine au sujet de médecins luxembourgeois détenus irrégulièrement à Metz; rien de plus. On le conduit immédiatement chez le maréchal Bazaine, et il reste en conférence avec lui jusqu'à onze heures; longue conversation pour une question si mince! Après quoi M. Régnier retourne à l'armée prussienne, ayant annoncé qu'il reviendrait le lendemain.

Le lendemain, en effet, il reparaît, et raconte bien haut à l'officier qui le ramène, qu'il est envoyé par l'impératrice auprès de M. Bazaine pour inviter M. le maréchal à opérer avec son armée la restauration de l'empire. La Prusse est du complot; elle débloquera Metz, on rétablira Napoléon III, qui traitera avec le roi Guillaume, et tout s'arrangera ainsi le mieux du monde.

C'est le porteur de pareilles propositions qu'a reçu M. Bazaine; voilà l'homme qui a longuement conféré avec le commandant en chef de l'armée de Metz. Le premier venu, un inconnu, un aventurier, se présente avec une photographie de Hastings,

séjour de l'impératrice, propose d'enlever à l'armée
un de ses chefs les plus aimés et les plus intelligents,
le général Bourbaki, pour l'envoyer en Angleterre ;
et M. Bazaine écoute paisiblement ce M. Régnier ;
« *la singularité de la démarche* » l'étonne bien un
peu, mais « *il ne croit pas devoir la repousser.* »

Et M. Bazaine n'a pas reconnu là la main de la
Prusse ! Il n'a pas vu dans quel guet-apens on voulait le faire tomber, lui et son armée ! Il n'a pas vu
que ce Régnier, devant lequel disparaissaient subitement toutes les barrières allemandes, pour lequel
la consigne n'existait pas, qui entrait comme chez
lui au château de Ferrières ; que ce Régnier, que
M. de Bismarck accueillait avec tant d'empressement,
pour lequel on faisait attendre humblement Jules
Favre dans l'antichambre, il n'a pas vu que ce Régnier n'était qu'un vulgaire espion prussien ! Il n'a
pas vu cela ! — Il n'a pas compris qu'on l'amadouait,
qu'on faisait briller à ses yeux des espoirs mensongers, qu'on n'avait qu'un but : détruire son armée,
qu'on se moquait du reste, et qu'on lui promettrait
tout ce qu'il voudrait, quitte à ne rien tenir, pourvu
qu'il capitulât ! Il n'a pas compris cela ! Il a pu croire
sérieusement aux offres que lui faisait l'ennemi !
Ce grotesque ambitieux a pu être ébloui par le grand
rôle qu'on lui laissait espérer ! Est-ce possible ? Cet
homme avait donc perdu la tête !

L'impératrice n'avait donné aucun ordre au sieur
Régnier, elle avait même refusé de le recevoir. La
photographie de Hastings venait du jeune prince qui
l'avait accordée, sans se douter de l'usage auquel on
la destinait ; donc la famille impériale n'était pour
rien dans cette affaire. C'est M. de Bismarck qui a

ourdi le complot, c'est lui qui a tout conçu, tout arrangé ; cela est évident, cela est manifeste, cela crève les yeux.

Et dès le premier mot, M. Bazaine est d'accord avec le sieur Régnier ; celui-ci cause familièrement, il parle de la paix qui lui paraît nécessaire, mais qui eût été bien plus avantageuse après Sedan ; il fait part de ses impressions. Et le défenseur de Metz tombe dans le piége, se place précisément au point de vue que désire lui voir adopter M. de Bismarck, tout prêt à envoyer en Angleterre l'officier demandé, et à commencer les négociations .

En vérité on hésite en face d'une si monstrueuse naïveté ; on se demande si tout cela est vrai, si ce n'est pas un rêve, une hallucination ; l'esprit se refuse à croire à tant d'ambition, mêlée à une si forte dose de niaiserie ; on en arrive à penser ceci : M. le maréchal Bazaine n'a pas été naïf, il a voulu être roué, il a cru l'être ; il a parfaitement compris qu'il ne s'agissait point là de l'empire, il n'a point pris le sieur Régnier pour ce qu'il n'était pas ; dans sa pensée, il a simplement traité de la capitulation pour son compte, convaincu que le grand rôle allait commencer pour lui, et qu'il allait devenir l'arbitre de nos destinées. Dans cette hypothèse, il serait clair qu'il ne travaillait pas pour l'empereur, puisqu'il songeait à se substituer au triste sire de Sedan, et que *tout en paraissant être mystifié, il avait la prétention d'être lui-même le mystificateur.* Mais il se jouait à plus fin que lui.

Quoi qu'il en soit, après une conférence, Canrobert ayant refusé, le général Bourbaki partit avec le sieur Régnier.

On sait que le brave général acquit bientôt la certitude qu'on l'avait indignement joué, et que sur le refus qu'on lui opposa de le laisser rentrer à Metz, il offrit son épée à la République.

Les choses marchaient bien pour la Prusse ; le dénoûment de cette comédie ne devait pas tarder. On tenait M. Bazaine ; un peu de patience, et on aurait la ville et l'armée.

VI

L'agonie.

Cependant la France regardait Metz ; il fallait, pour le public, paraître opposer encore une dernière résistance. On parla d'une sortie par Thionville.

Il suffit de réfléchir un instant pour voir que M. Bazaine ne pouvait être sincère en ordonnant une nouvelle tentative contre l'armée prussienne, et qu'il ne *pouvait* pas vouloir le succès. Se battre après avoir reçu un Régnier, et avoir déjà entamé des négociations avec lui !

D'ailleurs M. Bazaine, en supposant que son mouvement réussît, n'allait-il pas se trouver en face de la France républicaine, de cette France à laquelle il avait toujours refusé de ses nouvelles ? N'allait-il pas se trouver en face de ce gouvernement de la défense nationale, dont la popularité aurait éclipsé la sienne, et qu'il avait constamment traité avec le plus grand mépris, ayant daigné à peine, — et dans quels termes ! — lui donner signe de vie ?

Un tel homme, après une telle attitude, pouvait-il désirer un succès militaire, qui lui eût permis de secourir la République française, quand sa haine pour cette République n'était un secret pour personne? Le pouvait-il, quand il était sur le point d'envoyer aux Prussiens cet incroyable factum, où il leur propose d'unir leurs armes aux siennes contre l'ennemi commun, le gouvernement actuel? Évidemment non ; aussi l'engagement du 7 octobre ne devait pas réussir, le maréchal ne pouvait pas vouloir qu'il réussît.

Il faut donc se résoudre à traiter ; c'est ce qu'attend la Prusse, c'est aussi ce que demande M. Bazaine. Paris ne peut continuer sa résistance ; il va capituler, et le commandant en chef de l'armée du Rhin reste le maître ; toujours la même préoccupation. Le malheureux croit trouver enfin ce qui lui a échappé jusqu'ici : la gloire et les honneurs, — et quelle gloire et quels honneurs ! — Il ne voit pas qu'il ne peut y rencontrer qu'une chose : la honte.

La responsabilité lui paraît lourde ; il veut la faire peser sur les chefs de corps. Après l'échec de Bellevue, il leur adresse une lettre confidentielle, les renseigne sur l'état des approvisionnements, et leur demande conseil.

Le général Desvaux écrit : « Si l'honneur de l'armée devait être atteint par les stipulations proposées par l'ennemi, il faut les repousser, et alors l'honneur et le devoir militaire commandent de sortir en combattant. »

Les généraux Deligny et Picard sont également d'avis de tenter une sortie par la force, dans le cas où l'ennemi poserait des conditions inacceptables,

Le maréchal Canrobert écrit : « Dans le cas où les conditions imposées par l'ennemi ne sauraient être acceptées par des gens d'honneur, les généraux de division sont résolus à traverser les lignes prussiennes, *coûte que coûte.* »

Tout cela était écrit le 8 octobre. Le maréchal attendait toujours la réponse de l'impératrice.

Le 10, réunion du conseil de guerre. M. Bazaine y pesa de toute son autorité, naturellement. Il fit le tableau le plus lamentable de la situation, et les quatre articles suivants furent adoptés à l'unanimité :

L'armée doit-elle tenir sous Metz jusqu'à épuisement de vivres ? — Oui, parce qu'elle y immobilise 200,000 hommes.

Doit-on continuer à faire des opérations autour de la place, pour se procurer des vivres et des fourrages ? — Non.

Peut-on entrer en pourparlers avec l'ennemi pour traiter d'une convention militaire ? — Oui.

Doit-on tenter le sort des armes, si les conditions ne sont pas honorables ? — Oui.

La contradiction qui règne entre ces articles est frappante : on commence par déclarer qu'on résistera pour immobiliser 200,000 hommes ; et puis on parle d'une convention militaire, dont le résultat nécessaire doit être évidemment de détacher de Metz ces mêmes 200,000 hommes. Tout cela manque de netteté, de précision ; les officiers présents ont subi dans leur vote la pression de M. Bazaine, cela est manifeste. Quoiqu'il en soit, aucun d'eux ne doutait de la bonne foi du maréchal, quand tous voulurent expressément qu'on se frayât un passage, *les armes à la main*, en cas de conditions trop dures imposées par l'ennemi.

Cette restriction importait peu à M. Bazaine ; il avait ce qu'il voulait, et il savait fort bien quel serait le résultat de tout cela.

Il lui fallait un complice : il choisit M. Boyer, M. Boyer que nous connaissons, l'homme que le général Douay a dépeint dans une lettre citée plus haut, et qui s'est attaché, au Mexique et à Metz, à la fortune de M. Bazaine, dans un tout autre intérêt que l'intérêt de la patrie. Le prince Frédéric-Charles, qui attendait ce dénoûment, s'empressa d'envoyer le sauf-conduit demandé, et M. Boyer partit pour Versailles en mission auprès du roi de Prusse, emportant la note suivante, « inspirée de la situation du pays, TELLE QUE LA DÉPEIGNAIENT LES JOURNAUX ALLE-MANDS », dit naïvement le maréchal, note à jamais honteuse, et qui suffit pour déshonorer le soldat qui l'a écrite :

« Au moment où la société est menacée par l'atti-tude *qu'a prise un parti violent* et dont les tendances ne sauraient aboutir à *une solution que cherchent les bons esprits*, le maréchal commandant l'armée du Rhin, s'inspirant du désir qu'il a de *sauver son pays*, interroge sa conscience, et se demande si l'armée placée sous ses ordres *n'est pas destinée à devenir le palladium de la société*.

« La question militaire est jugée, les armes alle-mandes sont victorieuses, et S. M. le roi de Prusse ne saurait attacher un grand prix au stérile triom-phe qu'il obtiendrait en dissolvant *la seule force qui puisse aujourd'hui maîtriser l'anarchie dans notre malheureux pays,* et assurer à la France et à l'Europe un calme devenu si nécessaire, après ces violentes commotions qui viennent de les agiter.

« L'intervention d'une armée étrangère, même victorieuse, dans les affaires d'un pays aussi impressionnable que la France, dans une capitale aussi nerveuse que Paris, pourrait manquer le but, surexciter outre mesure les esprits, et amener des malheurs incalculables.

«L'action d'une armée française encore toute constituée, ayant bon moral, et qui, après avoir loyalement combattu l'armée allemande, a la conscience d'avoir su conquérir l'estime de ses adversaires, *pèserait d'un poids immense dans les circonstances actuelles. Elle rétablirait l'ordre et protégerait la société,* dont les intérêts sont communs avec ceux de l'Europe. Elle donnerait à la Prusse, par l'effet de cette même action, une garantie des gages qu'elle pourrait avoir à réclamer dans le présent, et enfin elle contribuerait à l'avénement d'un pouvoir régulier et légal, avec lequel les relations de toute nature pourraient être reprises, sans secousses et naturellement. »

Le cœur se soulève d'indignation et de dégoût en face d'un pareil cynisme. Le sens moral est éteint chez cet homme, le patriotisme est mort. Il est devant l'ennemi, il est à la tête d'une forte et vaillante armée qui ne demande qu'à sortir, et il ne songe, le malheureux ! qu'à venir renverser la République, et qu'à poursuivre la *solution que cherchent tous les bons esprits* ! !

La France entière est debout, emportée dans un magnifique élan d'enthousiasme; tous, sans distinction de parti, légitimistes et républicains, donnent leur vie avec joie pour la défense du territoire sacré; les gardes mobiles se font hacher au Bourget, les zouaves pontificaux meurent stoïquement à Patay, Chanzy est sur la Loire, d'Aurelle de Paladines est vainqueur à Coulmiers, et M. Bazaine déclare que « *la question militaire est jugée* ». — Qui parle de se battre? Allons donc! « *rétablir l'ordre et protéger la société*, » à la bonne heure! — C'est là le genre de combat dans lequel M. Bazaine prétend surtout se distinguer.

Passons vite; la colère ne permet pas de s'appesantir sur ces infamies.

Le général Boyer revint le 17, un nouveau conseil de guerre fut réuni; Changarnier y assista, et on y entendit l'intéressant récit de l'envoyé extraordinaire. Naturellement, — il le dit du moins, — M. Boyer n'avait vu ni un Français, ni un seul journal français; il rapportait de Versailles, et il les certifiait de sa parole d'honneur, des nouvelles comme celles-ci: Le Midi, l'Ouest étaient en pleine révolution, et s'étaient séparés du reste de la France; le gouvernement de Tours s'était réfugié à Pau; Gambetta, Kératry, etc., avaient dû fuir en ballon pour n'être pas massacrés, la dernière armée française était anéantie, il n'y avait plus nulle part trace de résistance, etc., etc., et autres fantaisies de ce genre.

Il y a bien un article du code militaire qui prescrit aux commandants des places assiégées, de rester sourds aux nouvelles que l'ennemi leur fait parvenir. Mais le code militaire n'était pas fait, à ce qu'il paraît, pour M. Bazaine, qui ne se contentait pas de recevoir des nouvelles des Prussiens, mais qui en envoyait prendre chez eux.

Les conditions de M. de Bismarck étaient :

1° Une déclaration de l'armée du Rhin en faveur de la régence ;

2° La remise de la place de Metz aux mains de la Prusse.

Le conseil de guerre, à la majorité de 6 voix contre 2 (celles du général Coffinières et du maréchal Le Bœuf), chargea le susdit M. Boyer d'aller à Hastings s'entendre avec l'impératrice sur la restauration de la dynastie des Bonapartes.

Trois jours s'écoulèrent : les vivres diminuent, il n'y a presque plus de pain. Enfin le 24, arrive une dépêche, elle n'est pas de M. Boyer ; c'est M. de Bismarck qui sort subitement de la coulisse, et qui, sans prendre la peine de cacher son jeu, déclare net que « l'impératrice se refuse à toute espèce de transaction », que « il n'y a plus lieu de continuer les opérations politiques », que « la question se pose militairement, » et que « c'est aux événements de la guerre seuls qu'il appartient de la résoudre. »

La farce est jouée ! Plus de pain : l'armée est épuisée, démoralisée, découragée. — Les factionnaires prussiens, le fusil au bras, attendent l'heure de venir prendre possession de la ville vendue.

VII

Le dernier acte. — Les funérailles.

Le 25 octobre à onze heures, le général Changarnier se rendit auprès du prince Frédéric-Charles, mais il ne put rien obtenir, le prince fut inflexible. Le général de Cissey fut alors envoyé à Frescaty, pour s'entendre avec le général de Stiehle sur les conditions de la capitulation ; ces conditions étaient : *reddition de la ville et de l'armée, avec tout son matériel, à la merci du vainqueur.*

M. Bazaine, présent au conseil, donne sa voix ; rien de plus. Ceci est un fait grave ; le commandant en chef de l'armée du Rhin avait-il le droit de disparaître ainsi, en quelque sorte, de supprimer une responsabilité qui lui était toute personnelle, et de la faire retomber sur tous les chefs de corps à la fois ? Non, M. Bazaine n'avait pas ce droit : vainqueur, il n'eût pas sans doute partagé la gloire avec d'autres ; vaincu ou plutôt infidèle au devoir, — car tout ceci n'est pas une défaite, c'est une trahison, — vaincu, la honte est pour lui, pour lui seul ; le conseil de guerre donne son avis, rien de plus ; le commandant en chef est libre, absolument libre, et par conséquent seul responsable. Il ne faut pas ici d'équivoque : à chacun selon ses œuvres.

C'est donc le maréchal Bazaine qui envoie M. Jarras à Frescaty, ce n'est pas le conseil de guerre. L'accusé cherchera évidemment à rejeter la faute sur les chefs de corps ; ni les juges, ni le public ne se laisseront prendre à cette manœuvre. On compte sur la capitulation pour faire fortune ; mais la capitulation est déshonorante, on ne veut pas du déshonneur ; on fait bâcler la chose par le voisin. En vérité, cela serait trop commode ; on croit voir un de ces tripoteurs de spéculations véreuses, qui restent prudemment dans l'ombre jusqu'à l'heure de la réussite, et qui empochent l'argent, en laissant la boue à d'autres. Cela ne sera point ; la tactique de l'illustre capitulard ne trompera personne. Il a eu l'argent ; il aura la boue.

M. le chef d'état-major Jarras partit aussitôt. Un fait caractéristique : dans la discussion, le général prussien Stiehle fixa à 80,000 le chiffre des troupes françaises. « 126,000, observa le général Jarras. — Oui, avec les blessés, les malades ? — Non, 126,000 sous les drapeaux, et en comptant la garnison de Metz et les malades, 173,000. » Le général Stiehle ne répondit rien, mais quelle éloquence dans la stupéfaction de cet homme, qui ne peut s'imaginer qu'on livre ainsi, pieds et poings liés, 173,000 soldats, prêts à combattre, prêts à ajouter de nouvelles victoires à celles qu'ils ont déjà remportées !

Nous voici à l'heure dernière ; bientôt l'armée du Rhin aura cessé d'exister. On croit peut-être que M. Bazaine est au bout de ses trahisons ; non.

A propos de la remise de la ville, des forts, du matériel, des armes, etc., on avait arrêté ceci : *Le tout sera livré dans l'état où il sera au moment de la signature de la convention.* Il est donc évident qu'on pouvait tout détruire, noyer les poudres, enclouer les canons, brûler les drapeaux et le matériel, et il semble vraiment que, par cette clause, les Prussiens avertissaient en quelque sorte M. Bazaine de ne pas

laisser tomber entre leurs mains tant de richesses.
L'avertissement fut inutile; tout resta intact, comme si
ce maréchal se plaisait à augmenter le triomphe et le
butin de l'ennemi. Il est vrai qu'il affirma que tout
ferait retour à la France; mais il mentait, comme
il mentit encore, en laissant croire aux soldats que la
captivité leur était épargnée, et qu'ils seraient libres,
sous serment de ne plus se battre pendant cette
guerre.

Il ment, il ment toujours; le mensonge est l'élé-
ment de cet homme. Il déclare aux colonels qu'on
sauvera les aigles; il les fait soigneusement conserver, et il les livre. L'armée aura les honneurs de la
guerre, elle les a bien mérités; les Prussiens y consentent. M. Bazaine dit non, ayant promis de dire
oui. Il veut les honneurs de la guerre, sur le papier,
et pas ailleurs; il a ses raisons. Frédéric-Charles fut
stupéfait.

Tous ces mensonges ont un but; l'homme du
Mexique n'agit pas en aveugle, il sait ce qu'il fait, et
ce qu'il veut. Les drapeaux? «*lambeaux d'étoffe qui
n'ont de valeur morale que sur le champ de bataille.*»
Ce qui n'a pas une *valeur morale,* ce sont les bagages; voilà ce qu'il désire conserver. Les officiers français en eussent volontiers fait le sacrifice. M. Bazaine
insiste; il donnera tout, pourvu qu'on lui laisse ses
bagages; les honneurs de la guerre, cela ne s'escompte
pas en pièces de cent sous; cela est donc inutile.
Ainsi raisonnait ce maréchal de France. Autre motif:
la honte; il a un peu conscience de son infamie, il a
peur de paraître devant ses soldats, il redoute la ma-
lédiction qui va s'échapper de la bouche de ces
150,000 hommes enchaînés, il s'esquive par une

porte dérobée... avec ses bagages ; c'est tout ce qu'il demande. Ces bagages devaient être assez précieux pour qu'il en prît tant de soin.

Dans l'après-midi du 27, rien n'est encore signé ; l'intendant en chef vient trouver M. Bazaine : en mettant en commun les ressources de la ville et de l'armée, on a encore pour quatre jours de vivres; avec des recherches, des efforts, ce chiffre pourra même être doublé. M. Bazaine s'irrite, et il répond d'un ton sévère à l'intendant les paroles que voici : « Que voulez-vous que cela me fasse ? Vous auriez des vivres pour quinze jours, cela ne changerait rien à la situation ; il faut en finir, et nous en aller. »

Cela eût si peu changé la situation, que Frédéric-Charles, retenu huit jours de plus à Metz, n'arrivait pas sur la Loire le 26 novembre, et n'arrêtait pas le général d'Aurelle de Paladines marchant sur Paris, après la victoire de Coulmiers. Cela eût si peu changé la situation, que l'ennemi pris entre deux feux était anéanti, que nous faisions des conditions, au lieu d'en recevoir, que nous gardions l'Alsace et la Lorraine, et que, au lieu de payer cinq milliards à la Prusse, c'était la Prusse qui nous les comptait. Voilà en quoi cela eût changé la situation ; presque rien, comme on voit.

Le 27 septembre au soir, il était trop tard, la convention était signée ; le lendemain 28, les armes et le matériel furent déposés dans les forts, et tandis que la population de Metz, pâle d'indignation et de colère, sonnait le tocsin, et couvrait d'un long voile de crêpe la statue de Fabert, le maréchal Bazaine écrivait au vainqueur une lettre suppliante, où il demandait que les Prussiens voulussent bien le recevoir, et le lieu où il pourrait se constituer prisonnier. Le temps lui paraît long, il veut fuir, il veut quitter cette armée, cette ville qu'il a livrées ; il a peur. Au lieu de sortir le front haut, comme le fait un vaincu dont l'honneur est resté debout, digne et fier, à la tête de ses soldats, il veut s'esquiver, s'évader comme un malfaiteur.

Le prince Frédéric-Charles, écœuré de tant de lâcheté sans doute, refuse l'autorisation demandée. Alors M. Bazaine n'y tient plus : il se sauve, il va se cacher au fond du petit village de Moulins, aux avant-postes, et le 29, à quatre heures, il traverse enfin les lignes prussiennes, couvert de huées et de sifflets, criblé de pierres, qui brisent les glaces de sa voiture ; et protégé, — honte dernière, — par la gendarmerie prussienne contre l'indignation publique, il va chercher l'hospitalité au quartier général ennemi. Il était vraiment là chez lui, et il devait recevoir bon accueil de ceux qu'il avait si bien aidés dans leur besogne.

Le lendemain, 173,000 Français allèrent se livrer à 200,000 Prussiens !

ÉPILOGUE

I

Voilà l'acte d'accusation de celui qui est toujours le maréchal Bazaine, mais qui bientôt ne sera plus qu'un soldat déclaré traître à sa patrie, publiquement dégradé, privé de ces galons, de ces épaulettes, de ces rubans qu'il déshonore, et flétri par la justice nationale enfin réveillée.

Cet acte d'accusation est long, il est terrible ; il se dresse entre les juges et l'accusé, il fait entendre sa grande voix au nom du droit bafoué, au nom de la conscience avilie, au nom de la patrie vendue. Il ne tenait pas à lui d'être modéré, d'être calme, de présenter ses arguments sur un plat d'argent, la tête basse, un genou en terre ; non ! il est ce qu'il est, il est ce qu'il doit être. Le crime a été monstrueux, il réclame un châtiment énorme.

Après le Mexique, c'était l'empire ; l'acte d'accusation reste dans l'ombre ; on lui eût brutalement mis la main au collet, on l'eût fourré à Mazas, expédié à Cayenne. Il se tait, mais il s'augmente de toute la colère que fait gronder en lui le spectacle que voici : M. Bazaine nommé maréchal, la poitrine

couverte de crachats, créé duc de quelque chose,
comte de je ne sais quoi, pour avoir contribué à
gaspiller notre or, à faire inutilement massacrer des
Français au service de la plus immorale des causes,
à rendre odieux le nom de la France, pour avoir
tenté d'effacer l'œuvre de nos pères, et de ressusciter
la monarchie sur cette terre américaine, où ils avaient
aidé à dresser le drapeau de la République.

Après le Mexique le 2 Décembre régnait, et il
était tout naturel que le héros du boulevard Montmartre amnistiât le héros de la circulaire du 11 octobre, non-seulement qu'il l'amnistiât, mais qu'il le
récompensât, décorât, chamarrât, comblât. L'homme
qui avait violé la loi, étranglé nuitamment la constitution, enfoncé à coups de crosse les portes de
l'Assemblée nationale, déporté en masse les représentants, mitraillé le peuple y compris les enfants
de huit ans, cet homme-là tendant la main à
l'homme qui avait fusillé les patriotes combattant
pour la liberté, empli ses poches d'or, sali le nom
de la France, et enfin lâchement abandonné, en offrant à l'ennemi de le lui livrer, le pauvre souverain
de carton peint pour lequel tant de sang avait coulé,
cela était tout naturel ! De brouille entre eux, il n'y
en eut que pour le bon public ; l'opinion s'étant si nettement prononcée, Napoléon III lui avait fait cette con-
cession délicate, de paraître désapprouver l'exécuteur
trop zélé des basses œuvres impériales, mais on sent
que le maître ne peut punir l'élève pour avoir trop
bien profité de ses leçons ; le 2 Décembre a des en-
trailles de père pour M. Bazaine et la circulaire du
11 octobre.

Oui, ces deux hommes se reconnaissaient, se souriaient, ils étaient dignes l'un de l'autre, rien de plus simple. Le patron disait au valet : « Tu es un fidèle serviteur, tu as bien compris et bien exécuté, trop bien peut-être, mais cela prouve ton bon cœur. » Il tirait une poignée de croix de sa poche, et il disait encore : « Voilà pour toi, et ceux qui ne seront pas contents n'ont qu'à se taire. Il y a encore des juges à Paris. »

Le maréchal empochait, le juge se tenait prêt à fonctionner, le prêtre agitait l'encensoir, on braillait un *Te Deum* sur tout cela, deux ou trois cents mouchards criaient : Vive l'empereur ! au besoin on se payait un petit plébiscite, et la farce était jouée. — Que les méchants se rassurent et que les bons tremblent !

Cependant l'acte d'accusation se faisait petit, mince, timide ; un seul mot, on vous l'eût traité de la belle manière. — Aujourd'hui il prend sa revanche, voilà tout ; on l'a fait attendre, soit : il a subitement grossi de moitié ; au Mexique il a ajouté Metz ! il arrive plus tenace, plus ardent, plus implacable que jamais ; voilà ce qu'on y a gagné.

Après le Mexique, c'était l'empire, après Metz, c'est la République. M. Bazaine doit s'apercevoir que le mot seul n'est pas changé ; la chose n'est plus la même. La justice le tient ; ce maréchal de France va venir à la barre d'un tribunal comme un vulgaire membre de la Commune, et il y aura une voix qui lui dira, à lui, duc et grand'croix : « Accusé, levez-vous ; accusé, répondez. » — Si M. Bonaparte était là, M. Bonaparte lui eût mis un ruban de plus à la poitrine, et une nouvelle étoile au képi ; — situa-on essentiellement différente.

Mais M. Bonaparte n'est plus là ; M. Bonaparte fume des cigarettes sous les bosquets de Chislehurst, tandis que la botte des soudards prussiens souille encore le sol de six départements, et que l'argent qu'on nous a volé pendant vingt ans, sert à entretenir des journaux immondes, coryphées de l'insurrection et de la guerre civile. — Hélas! M. Bonaparte est en exil (!) Voilà pourquoi son bon ami Bazaine est prisonnier. — Ce n'est plus l'empire, c'est la République !

II

Analysons M. Bazaine. — Qu'est-ce que cet homme dont toute la vie n'est qu'un impudent défi jeté au bon sens et à l'honnêteté? Qu'est-ce que cet homme, qui sans s'inquiéter des malédictions qui le suivent, qui le frappent au visage, poursuit froidement sa route, va droit devant lui, marche droit au but, à travers les ruines de la liberté d'abord, plus tard au milieu de l'effondrement de sa patrie? Qu'est-ce que cet homme, qui semble avoir perdu la notion du bien et du mal, qui rit de la conscience, qui se moque de l'honneur, et qui a tenté de se tailler on ne sait quel manteau royal dans le suaire où il voulait ensevelir la France?

M. Bazaine est un monomane, il a la monomanie du pouvoir.

Monomane, soit ; mais bonapartiste avant tout. C'est à l'école de Bonaparte que M. Bazaine a pris des leçons ; il est un des plus remarquables produits du 2 décembre. C'est là qu'il a appris qu'un **chef**

militaire pouvait faire pencher la balance en jetant son épée dans un des plateaux; c'est là qu'il a appris que le sabre valait la constitution, c'est de là qu'il tient ce profond mépris pour la volonté du peuple, et cet art de fonder des dynasties avec des baïonnettes destinées à protéger les lois.

M. Bazaine est une copie, un diminutif, une espèce de réduction Colas de Napoléon III; après avoir servi sous les ordres du maître, il a éprouvé le besoin de travailler un peu pour son propre compte, voilà tout.

En somme, juger M. Bazaine, c'est juger le bonapartisme; condamner l'homme du Mexique et l'homme de Metz, c'est flétrir une fois de plus l'homme du boulevard Montmartre.

M. le maréchal Bazaine, grand'croix de la Légion d'honneur, représente ce que la France a pu, ou plutôt, ce qu'elle a osé saisir du bonapartisme.

Il résume en sa méprisable personne tout ce qu'il y a sous les verrous de la bande des décembriseurs; c'est lui qui paye pour les bons petits frères. Tous les autres comparses de cette abominable comédie qui, pendant dix-huit ans, a battu de la grosse caisse sur les tréteaux des Tuileries, promènent impudemment leur insolence au milieu de nous; ils se moquent de notre infortune, ils parlent hautement de l'appel au peuple, ils osent dire : « notre parti, » comme s'il y avait un parti des gens qui font le mouchoir; ils consentent à nous rendre ENCORE des services, comme le déclarait naguère M. Rouher à la tribune; ils sont impunis, joyeux, ventrus, spirituels, cyniques !

Qu'ils se taisent! ils sont libres, soit, mais ils vont passer en jugement. La nation les a déjà solen-

nellement condamnés à quatre ou cinq fois diffé-
rentes ; l'Assemblée française les a flétris ; dans une
séance mémorable, elle a craché à la face de l'ancien
ministre d'État tout ce qu'elle avait de mépris sur le
cœur, et Bonaparte a dû être éclaboussé au fond de
son exil par toute la fange impériale qu'on a remuée
ce jour-là à Versailles. Qu'ils se taisent, ils vont recevoir le coup de grâce.

Ah ! certes, ce Conseil de guerre qui va se réunir
à Versailles pour juger ce traître, et avec lui l'empire, ce Conseil de guerre est quelque chose de grand ;
c'est là un des plus magnifiques spectacles, et, il faut
le dire, un des plus consolants aussi pour la conscience
humaine, si éprouvée en ces temps tragiques où
nous sommes, et qui finirait par croire, peut-être,
si le châtiment n'arrivait pas, que décidément le
crime règne en maître.

Dans cette salle du Manége, sur cette grossière
estrade en planche, au-dessous de Christ, victime
qui saigne éternellement, va prendre place une
autre victime, devenue juge à son tour. Ce ne sont
point des hommes en pantalon rouge et en habit brodé
qui vont interroger M. Bazaine ; non, c'est la France
elle-même, la France, pâle encore de tout le sang
qu'elle a perdu, ayant au flanc sa large blessure à
peine fermée, triste, sévère, implacable pour ceux
qui ont tenté de l'assassiner ; c'est la France qui va
siéger là. Auprès de Celui que les Juifs ont crucifié,
se lève Celle que les bonapartistes ont mise en croix,
et à laquelle ils continuent d'offrir l'éponge trem-
pée de vinaigre et de fiel, en lui présentant l'empire,
quand elle a soif de justice et de liberté.

M. Bazaine est un de ceux qui ont tenu le mar-

teau, un de ceux qui ont aidé à enfoncer les clous.
La France l'interpelle :

« Accusé, lève-toi. Tu étais de la bande de Décembre ; tu es allé au Mexique et tu y as fait assassiner, bourreau, un peuple qui se levait pour son indépendance ; tu étais un maître odieux, tes officiers te détestaient ; tu es vaniteux, hautain, cupide, ambitieux, féroce ; pour obtenir ce que tu convoitais, tu as de plus été lâche ; tu as offert de livrer celui que tu soutenais depuis quatre ans, n'agissant en réalité que pour toi, traître, plus traître que Lopez ! — Tu as voulu recommencer sur moi tes infamies du Mexique, et obtenir ici la première place qui t'avait échappé là-bas ; à l'armée du Rhin, ta mauvaise humeur n'était un secret pour personne : tu enviais Le Bœuf, tu enviais tous ceux qui étaient au-dessus de toi ; tu laissais battre tes collègues pour qu'ils fussent convaincus d'incapacité, et que ton génie, à toi, brillât d'autant plus. — Enfin, tu as été enfermé dans Metz ; c'est ce que tu voulais ; tu étais au comble de tes vœux ; là, tu fus roi, nulle autre autorité que la tienne, tu étais heureux ! — La République, ma vaillante fille, ayant ramassé à Sedan mon épée brisée, pour continuer la lutte avec le tronçon qui restait, et chasser l'ennemi qui me violait, que fais-tu ? Tu te mets immédiatement en rapport avec Bonaparte, cet autre ennemi aussi odieux que les Prussiens, et tu ne vois même pas le piége grossier qui t'est tendu. Je suis envahie, pillée, meurtrie, égorgée... toi, fils indigne, tu ne songes qu'à ramener ton lâche patron, ou qu'à te mettre à sa place ; tu attends impatiemment que Paris capitule pour être maître de la situation, proclamé invaincu, et transformer, — honte éternelle à toi, — une armée de 150,000 hommes en une horde d'agents de police destinés à *rétablir l'ordre*, et à *sauver la société*, comme tu le disais dans ta misérable lettre à Frédéric-Charles. Paris a tenu bon; si Paris eût succombé avant Metz, ce que tu espérais, si cette ville superbe eût été abattue, tu restais seul debout, tu sortais de ta forteresse avec ton armée, tu passais pour un héros, le peuple te portait en triomphe, tu écrasais la République, et 5 millions de voix t'acclamaient libérateur, dictateur, régent.

« Voilà le crime que tu méditais, et qui, à ton grand dépit, n'a échoué que par des circonstances imprévues. Dans cette effroyable avalanche de désastres, tu n'as songé qu'aux honneurs; à l'honneur, jamais! Si des hommes qu'un patriotisme exalté a égarés dans la guerre civile, ont été punis de mort, et sont tombés pour avoir compliqué l'invasion étrangère de la lutte intestine, réponds, quel châtiment sera le tien, toi, qui as rêvé de rétablir le gouvernement de Bonaparte, ou même le gouvernement de Bazaine, sur la ruine et l'opprobre de ton pays, et qui trouvais ton compte à l'invasion, parce que ton ambition en profitait. »

L'accusé Bazaine baisse la tête, et garde le silence.

III

Au lendemain de la bataille de Chéronée, Lycurgue monta à la tribune, et, s'adressant au général Lysiclès, il s'écria : « Tu commandais l'armée, et mille citoyens ont péri, et deux mille ont été faits prisonniers, et un trophée s'élève contre la République, et la Grèce entière est esclave! Tous ces malheurs sont arrivés quand tu guidais nos soldats, et tu oses vivre, tu oses voir la lumière du soleil, tu oses paraître sur la place publique, toi, monument de honte pour la patrie! »

Lysiclès fut condamné à mort.

C'est ainsi que les nations libres affirment leur amour profond de la justice, et leur inflexible volonté de rester grandes.

Le général Dupont, pour avoir capitulé à Baylen en 1808, fut traduit devant un conseil d'enquête, lequel déclara l'accusé coupable sur tous les points, et rendit un décret où se trouvait l'article suivant :

« Le général de division Pierre Dupont est destitué de ses grades militaires ; les décorations qui lui avaient été accordées lui sont retirées ; son nom sera rayé du catalogue de la Légion d'honneur. Il lui est fait expressément inhibition et défense de porter à l'avenir l'habit militaire, de prendre le titre de comte et de faire usage des armoiries que nous avons attachées à ce titre. Les dotations qu'il tenait de notre munificence seront mises sous séquestre. Il sera transféré dans une prison d'État, pour y être détenu jusqu'à nouvel ordre. »

Il est vrai que la Restauration restitua au général Dupont ses croix, ses galons, et le créa de plus ministre de la guerre.

M. Bazaine, n'ayant pu faire la Restauration luimême, espère sans doute qu'un autre y réussira. Si l'on compare la récompense au crime, le général Dupont devenant ministre pour avoir livré **dix-sept** mille soldats, le maréchal Bazaine ne doit pas rêver moins qu'un trône pour avoir rendu Metz, avec *cent-soixante-treize mille* hommes et donné le dernier coup à la patrie agonisante. On peut même supposer que la chute de la République, et le triomphe de la Monarchie, infligeraient à la France cette suprême honte de voir celui qui l'a livrée, caressé, choyé, gorgé par les fils des émigrés de Coblentz, anciens soldats des armées allemandes en 92, revenus à Paris en 1816, dans les fourgons du roi de Prusse et de l'empereur de Russie.

IV

Mais la Monarchie ne triomphera pas : la droite, flanquée de l'extrême droite, et renforcée du centre droit, a beau s'agiter, manigancer, tramer, intriguer, elle a beau faire des pèlerinages à Anvers, à Notre-Dame-de-la-Salette ou à Chantilly, la République qui est le droit partout et toujours, même contre la majorité aveugle, et qui, cette fois, sera le droit et la force, avec la majorité devenue intelligente, et passée de son côté, la République ne périra pas, elle ne sera pas une fois de plus escamotée par quelque sacripant habile à faire sauter la coupe gouvernementale. Non ! on n'élèvera d'estrade en sapin avec un peu de velours par-dessus, ni pour M. Bazaine, ni pour un autre ; il faut bien que cet homme en prenne son parti, la République calme, forte et respectée, c'est là le premier châtiment des traîtres ; — quant au second, c'est le conseil de guerre qui s'en charge.

TABLE DES MATIÈRES

Paris. — Typ. Rouge frères, Dunon et Fresné, rue du Four-Saint-Germain, 43.

A LA MÊME LIBRAIRIE

Châteaudun (18 octobre 1870), par Ed. Ledeuil; 1 vol. grand
in-8, avec plan de la défense....................... 3 »

La **Liberté anglaise** mise à nu, par Jean-Jacques Dauphin,
racontant à son ami Guillaume Tell ses aventures chez son
voisin et fidèle allié John Bull; 1 joli vol. in-12...... 2 50

La **Confédération française**, forme nouvelle de gouvernement, par Edm. Thiaudière; 1 vol. in-12........... 2 »

Histoire des Jésuites, composée sur documents authenti-
ques en partie inédits, par l'abbé Guettée, 3 vol. in-8.. 24 »
(Le premier fascicule seul a paru. Prix: 2 fr.)

L'Ecole du sens commun, par Eugène Bordas; 1 volume
in-12.................................... 2 »

Histoire de l'Internationale, par un bourgeois républicain; 1 vol. in-12. (Sous presse)..................... 2 »

Les deux Républiques. — Louis Blanc et Gambetta, par
Ed. Douay; 1 vol. in-12....................... 1 »

BIBLIOTHÈQUE RÉPUBLICAINE

COLLECTION DE PETITS LIVRES DE PROPAGANDE A 20 c.

Catéchisme républicain, par E. Boursin.

Manuel du bon citoyen, —

Un gouvernement républicain, S. V. P.? par E. Boursin.

Lettre à mon député,

Histoire de la Révolution française, —

Les scandales du Bonapartisme, par Sempronius.

Les d'Orléans, —

La Dissolution, par A. Monnanteuil.

Lettre à M. J. Grévy, par le Dr L. Guichard.

Les Conservateurs et l'Instruction obligatoire, par
Emm. Lemoyne.

La Dissolution, S. V. P.? par le même.

Catéchisme du soldat-citoyen, par P. Quantin.

PRIX DE PROPAGANDE :

Pour 100 volumes pris à la fois.................... 15 fr.
    300   —   — .... 40 fr.
    500   —   — .... 60 fr.
    1,000   —   — .... 100 fr.

Typ. Rouge frères et Cie, rue du Four-Saint-Germain, 43.

9 782013 682701